Das Tagebuch meiner Großmutter

Ich weiss schon lange, dass meine Grossmutter während des Zweiten Weltkriegs ein Tagebuch geschrieben hat. Meinen Vater habe ich auch schon öfter danach gefragt. Leider ging es bei ihm immer mal wieder unter. Er hat mir einmal erzählt, dass er dieses Tagebuch veröffentlichen wollte und an einen Verlag geschickt hatte.

Nun sitze ich mit diesem Skript vor meinem Computer. Ich weiss nicht mehr genau, wie lange ihr Tod schon her ist, kann das Datum aber im Kalender von meinem Vater schnell finden: 6. Februar 2006, also vor etwas mehr als 13 Jahre. Beim Manuskript, welches mein Vater dem Diogenes Verlag gesendet hatte, lag ein Antwortschreiben bei: 2006, das Todesjahr. Habe ich dieses nicht auch auf dem Brief datiert gesehen? Ich schaue nach. Die Absage, dass sie das Tagebuch nicht veröffentlichen, wurde am 11. April 2006 geschrieben. Mein Vater hat anscheinend kurz nach ihrem Tod den Versuch gestartet, ihr Andenken mit der Veröffentlichung dieses Tagebuches zu ehren. Diverse Gefühle kommen in mir auf, Tränen laufen meine Wangen herunter. Ich habe zum Glück noch keinen Elternteil verloren, aber in diesem Moment fühle ich mit meinem Vater, 13 Jahr zu spät, allein. Ich nehme das mit einer alten Schreibmaschine geschrieben Tagebuch und beginne zu lesen:

Andreas Meyer

1
T A G E B U C H

Hohenlychen

<u>März 1945</u>

Die Russen kommen näher und näher, fast stündlich treffen neue Flüchtlinge ein, jetzt schon aus dem Umkreis von nur 100 Kilometern. Verhetzte, müde, erschöpfte Menschen. Ein nicht enden wollender Zug von Wagen, auf denen die letzte Habe hoch aufgestapelt ist, gezogen von überanstrengten Pferden. Kann eines nicht weiter, verpasst es den Anschluss der unaufhaltsamen, nach Westen fahrenden, eigentlich ziellosen Kolonne, beleibt es auf dem Wege liegen und ist seinem eigenen Schicksal auf Gedeih und Verderb überlassen.

Ich fahre mit Herrn Tuor, Attache der schweiz. Schutzmachtabtl., der mich noch einmal von Berlin aus besucht, nach Templin. Rechts und links der Landstraße hat man große Teile des herrlichen Waldes geholzt und die riesigen Stämme als Panzersperre kreuz und quer über die Wege gelegt. In Templin klingt das dumpfe Rollen der Kanonen tatsächlich näher. Herr T. ist stolz, weil er der Front 20 km. entgegengefahren ist. Es ist dies sein letzter Besuch in H, in wenigen Tagen geht seine Abteilung in die Schweiz zurück.

Auch unser Lazarett wird möglichst geräumt. Nachts fahren in Eile zusammengestellte Krankentransporte gen Westen. Trotzdem Gebhardt immer noch nicht an ein Verlieren glaubt, es außerdem meisterhaft versteht, seine Umgebung in Ruhe und Sicherheit zu wiegen, rechnet er doch mit der Möglichkeit, dass sein Lebenswerk H. in russ. Hand fallen kann. (Die Kanonen und Flieger neben und über uns müssen selbst dem größten Optimisten die Hoffnung nehmen.)

Da die Nachbehandlung jetzt illusorisch ist, bei der geringen Patientenzahl übergenug Personal vorhanden ist, wird einer nach dem anderen entlassen. Viele meiner Kolleginnen sind schon heimgefahren. Immer war es ein Abschied, bei dem man nicht wusste, ob man sich je wieder sähe.

Wir sind noch fünf Gymnastinnen, eine von uns kann noch gehen. Das Los fällt auf mich. Ich treffe mich heimlich mit Halina. Sie hat große Angst. Ihre Zukunft wird immer ungewisser. Wird man sie ins KZ zurückschicken, sie einfach verschwinden lassen oder aber evtl. auf einer Flucht mitnehmen? Es ist noch zu riskant, sie an Tage mit nach Bln. mitreisen zu lassen, ahnt doch bisher kaum einer in H., dass wir befreundet sind. Wir   beschließen, dass ich allein fahre, in Bln. Dr. Graf benachrichtige und wir gemeinsam zurückkommen und sie nächtlicherweise entführen. Trotzdem fällt uns der Abschied schwer. Jeder Tag kann die Situation völlig ändern und die schönsten und kühnsten Pläne zunichtemachen.

Mit mir will Dieter Wendt (Vetter 2. Gr. aus Bln.) fahren. Er liegt seit einiger Zeit in H. mit schwerem Hüftschussdefekt und kann nur an zwei Krücken gehen. Er hilft mir, den großen, selbst genähten Rucksack fachgemäß packen. Nur das Allernötigste darf mit.

Fotoalben, Bücher, Silber, Radio – alles ist viel zu schwer und es heißt, sich trennen. Einen Teil der letzten Nacht verblöde ich mit den Kolleginnen. Gegen 3 Uhr kommt Halina noch einmal hineingeschlichen; uns ist beider schwer ums Herz. Was werden die nächsten Tage bringen?

Gebhardt, von dem ich mich am nächsten Morgen verabschiede, erscheint ruhig und gefasst. Er ahnt sein grausames Schicksal nicht. Der Zug nach Bln., mit dem wir reisen wollen, fällt aus. Nach längerem Warten und Überlegen steigen wir kurz entschlossen auf einen Lastwagen, der in der Nähe des Bahnhofs hält, allerdings in Richtung Templin fährt. Wir hoffen, von dort aus eher weiterzukommen.

Die mitfahrenden Soldaten reden mich mit „Schwester" an, weil ich einen Rk-Mantel trage. Er ist mir viel zu groß, aber für das Scheuern des Rucksackes, der mir ungefähr bis in die Kniekehle hängt, gerade recht. Trotz der ersten Apriltage scheint die Sonne brütend warm. Jedenfalls kommt es uns mit Gepäck und Mantel so vor.

In Templin gelingt es uns nach stundenlangem Bemühen, einen Lastwagen zu kapern, der uns wenigstens einige km Richtung Bln. mitnehmen will. Wir sitzen wieder, mit Landser, eng aneinander gepfercht. Gegen 1 Uhr werden wir von Tieffliegern entdeckt. Der Wagen hält an, wir werfen uns alle in den Straßengraben, scheinen aber den Schützen ein zu geringes Opfer zu sein und können nach zehn Min. unbehelligt weiterfahren.

In G. müssen wir aussteigen. Der Chauffeur hat von hier aus ein anderes Ziel. Wir erholen uns zunächst einmal in einem Gasthaus

u. hören dort, dass es sehr schwierig ist, ein Auto bis Bln. zu finden. Viele Leute behaupten, Bln. sei Festung u. man käme gar nicht mehr hinein. Trotzdem wollen wir es versuchen. Von Neuem stellen wir uns an die Landstraße und finden nach langer Mühe einen Lastwagen, der uns mitnehmen will. Er ist riesig, hat zwei Anhänger, bis oben hin beladen mit Flaschen, und schleicht nur so vorwärts. Trotzdem sind wir glücklich, mitgenommen zu werden.

Es wird nun langsam dunkel. Die Flaschen drücken entsetzlich. Besonders D. Wendt mit seiner kaputten Hüfte hat unter ihnen zu leiden.

Gegen 21 Uhr kommen wir durchgeschüttelt u. müde glueckl. in Bln. an. Sirenengeheul empfängt uns. Wir sind gezwungen, in den nächstliegenden U-Bahntunnel zu gehen. Hier bietet sich uns ein schreckliches Bild. Auf alle Gesichter ist Schrecken und Furcht gemalt, jeder stößt und drückt den Nächsten rücksichtslos zur Seite. Kinder weinen, Frauen kreischen hysterisch und Männer fluchen. Jeder scheint mit seinen Nerven am Ende zu sein. Wir sitzen auf unserem Rucksack und werden schließlich bei Entwarnung in die zunächst kommende Bahn von der Menge einfach hineingeschoben. Jeder, der nicht zerquetscht oder erdrückt wird, muss froh sein. Es ist 1 Uhr geworden und beim Wittenbergplatz ist Endstation. In dieser Nacht kommen wir nicht mehr weiter. Trotzdem wollen wir noch einmal unser Glück versuchen. Dieter ist völlig erschöpft und es sieht so aus, als könne er sich an seinen Krücken kaum noch aufrechthalten. Ich schnalle mir seinen Rucksack vorne an. Schon nach fünf Min. werden die Trümmer von zwei riesigen Scheinwerfern erleuchtet. Ich renne, so gut ich kann, und es gelingt mir, den Wagen anzuhalten. Es ist ein Mercedes. Am Steuer sitz ein Major; er will uns helfen. Einige 100 m vor einem einzigen, noch aus Trümmern herausragenden Haus halten wir an. Wir warten draußen. Eine uns endlos erscheinende Stunde vergeht, ehe der Major zurückkommt. Er bietet uns für die Nacht sein Haus an. Angeblich muss er selbst noch in dieser Nacht mit seinen Leuten nach Dresden. Uns erscheint diese nächtliche Begegnung etwas mysteriös, zumal wir ein völlig nach Flucht und Abbruch aussehendes Quartier vorfinden. Verbrannte Papiere, in der Eile umgeworfene Möbelstücke, Schmutz. Jedenfalls können wir die Nacht auf Feldbetten schlafen und sind dafür dankbar.

Morgens werden wir von einer völlig erschrockenen und überraschten Putzfrau geweckt. Sie weiß nichts von dem Weggehen des Majors.

Auf überfüllten S-Bahnen gelangen wir dann schließlich nach Zehlendorf. Das Wendtsche Haus ist unversehrt, die Tanten und Ursula sind überglücklich. Dieter wieder bei sich zu haben und heißen auch mich herz. willkommen.

Die folgenden Tage laufe ich von Pontius zu Pilatus, um Lebensmittelkarten zu bekommen. Ich kann unmöglich den Verwandten die schmale Ration wegessen. Der Erfolg ist, dass man mir schließlich sagt, ich gehöre nicht nach Bln. und müsse in ein Flüchtlingslager nach Oranienburg.

Berlin ist ein Chaos. Die Nerven aller Menschen sind zerrüttet. Es gibt weder Licht noch Wasser. Die Flieger kommen zu jeder Tages-u. Nachtzeit und man kann auf die Bomben, die unaufhörlich herunterprasseln, keine Rücksicht nehmen, will man noch essen und schlafen. Trotzdem findet sich Zeit zu manch einer hübschen, gemeinsamen Std. im Hause Wendt.

Ich versuche, Dr. Graf anzurufen. Durch einen Zufall nur erreiche ich ihn und bitte ihn zu kommen, wenn möglich, damit wir Halina abholen können. Er verspricht es für den übernächsten Tag. Ich warte vergebens. Dr. Graf wollte noch nach Hamburg, hatte unterwegs Unglück mit dem Auto und währenddessen wird Bln. eine Festung, sodass es unmöglich ist, aus der Stadt herauszukommen. Viele Teile Berlins sind von den Russen schon besetzt. Soweit es möglich ist, telefonieren Freunde und Verwandte aus den eingenommenen Vierteln und erzählen andeutungsweise von ihren ersten Erlebnissen mit dem Feind und erteilen Verwaltungsmaßnahmen. Wir haben Angst. Wendts überreden mich doch noch, zu Dr. Graf auf die andere Seite des Wannsees zu fahren. Dieter will sich trotz Verwundung zum Kampf stellen. Somit verlassen wir gemeinsam wieder das gastliche Haus. In aller Frühe am nächsten Tag nehmen wir Abschied. Auf der Zehlendorfer Landstraße finden wir wieder einmal einen mit Landsern angefüllten Lastwagen, der uns bis an dem Wannsee bringt. Dort werden wir angehalten. Jedes Fahrzeug wird beschlagnahmt, um gegen den Feind eingesetzt werden zu können. Dieter beschreibt mir den Weg zur

Anlegestelle der Fähre. Er selbst meldet sich dem Platzkommandanten. Mit viel Mühe gelange ich mit meinem schweren Rucksack bis zum See. Das Unglück will es, dass gerade das allerletzte Schiff vor meinen Augen abfährt. Alles Winken, Rufen und Versprechungen hilft nichts mehr.

Es ist schon spät geworden. Ich frage mich durch ein Gefühl von Menschen, Wagen und Pferden bis zur Kommandantur durch. Finde Dieter, und nur durch seine Fürsprache und Hilfe verspricht man mir, mich in einem Wagen in Richtung Potsdam mitzunehmen. Ich muss warten, bis eine Kolonne zusammengestellt ist, und habe Zeit, mich ein wenig umzuschauen. Soldaten eilen hin und her, Offiziere erteilen Befehle. Wagen werden flott gemacht. Ich werde aus allem nicht klug. Was soll hier geschehen? Ist es nicht Wahnsinn, sich den Russen, die schon mit einer Übermacht die meisten Teile der Stadt eingenommen haben, noch entgegenzustellen? Dazu gehen viele, wie Dieter, an Krücken. Anscheinend suchen sie alle, wie er, den Tod. Es ist eine trostlose und unheimliche Stimmung. Plötzlich werde ich aus meinen Gedanken aufgeschreckt. Dieter ist es. Er führt mich zu dem Auto, das er für mich gefunden hat. Der Motor läuft schon, unser Abschied ist ganz kurz. Wir fahren schon an, als Dr. mir noch etwas durch das Fenster schiebt, und dann rasen wir in die Dunkelheit hinaus. Die Gegend ist mir unbekannt. Nach etwa 1 km Fahrt begegnen wir Panzern, großen Lastwagen und Geschützen. Neben mir sitzen zwei junge Frauen mit einem kleinen Kind und vorne im Wagen zwei Leutnants – sie wollen nach Potsdam.

Wir halten in Vorhof einer Kaserne, die Offiziere gehen hinein, scheinen auch dort noch Befehle zu erteilen und dann steigen auch die Frauen aus. Sie sollen die Nacht hierbleiben. Ich muss eine ganze Weile warten, ehe die Leutnants wiederkommen; sie wollen mich nach Kladow fahren. Ich bin ihnen unendlich dankbar. Beide sind rührend um mich besorgt. Der Weg, uns allen unbekannt, ist in der Nacht schwer zu finden. Wir verfahren uns einige Male, landen dann aber doch schließlich nachts gegen 2 Uhr vor Professor Kalks Haus. Als Dank kann ich meinen beiden netten Begleitern nur meine letzten Zigaretten geben. Hoffentlich finden sie den Weg zurück. Und was wird sie hinterher erwarten?

Prof. Kalk sitzt mit einigen Freunden bei Kerzenschein und spielt zu später Stunde Karten. Dr. Graf schläft schon. Ich werde recht freundlich empfangen und schlafe die Nacht im Wohnzimmer auf einer Couch. Dr. Graf ist überrascht, dass ich doch noch gekommen bin. Er ist tagsüber auf der ganz in der Nähe gelegenen Gesandtschaft beschäftigt und ich versuche, mich im Kalkschen Hause nützlich zu machen. Es sind außer Kalk, ein Major, ein schon älterer, sehr netter Herr, dessen Freundin und Schwester und eine Bekannte von Prof. Kalk und zwei ukrainische Dienstmädchen im Haus.

Kladow erscheint gegen Zehlendorf als eine ruhige Insel, trotz des Flugplatzes, der ganz in der Nähe liegt und von dem aus ununterbrochen die wenigen, letzten Flieger aufsteigen. Von der gegenüberliegenden Seite des Sees ertönt Kanonendonner. Wenn die

Angriffe zu heftig werden, gehen wir in einen provisorischen Bunker, der in das Gartengefälle eingebaut ist. Er ist schmal und ohne Licht.

Wenn Dr. Graf heimkommt, verblöde ich die kurze Zeit, die ihn als Mittagsruhe bleibt, mit ihm bei einer Tasse Kaffee und bin jedes Mal traurig, wenn er geht. Mit den übrigen Hausbewohnern kann ich nicht warm werden.

Eines Tages begegne ich einigen sehr aufgeregten Menschen. Sie sehen verstört und entsetzt drein und können ihre Nachricht kaum hervorbringen. Sie sind da, die Russen! In fünf Min müssen sie hier sein. Wir sind alle ziemlich gefasst, erwarteten wir doch diesen Moment seit Tagen. Kaum sind wir im Bunker, als im Nachbargarten auch schon eine schreckliche Schießerei beginnt. Es hat den Anschein, als ob jedes Haus einzeln noch verteidigt wird. Es ist uns doch ein wenig unheimlich jetzt. Wir sitzen reglos und warten – und dann mit einmal entfernen sich die Schüsse und allmählich wird es ganz still. Der Major und ich gehen, nachdem wir uns versichert haben, dass niemand in der Nähe ist, ins Haus zurück, um für die hungrigen Mägen Kartoffeln zu kochen. Wir zünden vor dem Haus ein Feuer an, immer noch Ausschau haltend, ob wirklich nicht doch ein Russe komme. Plötzlich sagt der Major neben mir: „Da sind sie. Bleiben Sie ruhig!" Unten, aus dem Garten herauf kommen sechs bis acht bewaffnete Soldaten. Ich fühle, wie mir alles Blut aus dem Gesicht weicht; unwillkürlich fange ich an zu zittern. Sie kommen in aller Ruhe auf uns zu, hinter ihnen her die übrigen Hausbewohner, die noch im Bunker waren. Alle umringen den

Major und mich. Frl. X raunt mir zu, sie haben uns nichts getan, nur Uhren und Schmuck abgenommen. Ich sehe mir die Soldaten an und stelle etwas beruhigt fest, dass sie gar nicht so schlimm ausschauen. Manche haben recht sympathische Gesichter. Es beginnt eine Unterhaltung in Zeichensprache, Kalk und ich verbinden einige Verwundete, alle Angst scheint lächerlich. Aber dann kommt ein sehr brutal aussehender Soldat hinzu, der seine Kameraden zurückholt. Im Weggehen zählt er noch die Hausinsassen, vielleicht aber auch nur die weiblichen, und dann sind plötzlich alle verschwunden.

Inzwischen haben die Nachbarhäuser weiße Tücher aus den Fenstern gehängt als Zeichen der Übergabe. Von allen Seiten hört man erleichterte Rufe. Jeder hat sich anscheinend übertrieben geängstigt.

Wir sind noch nicht ganz fertig mit unserer Kartoffelmalzeit, als sich die Tür öffnet und sieben Russen ins Esszimmer kommen. Jeder von ihnen hat zwei bis drei Flaschen unter dem Arm. Sie nötigen uns, weiter zu essen. Einer wirft eine Handvoll Bonbons auf den Tisch. (Speerspende steht auf der Verpackung, auch der mitgebrachte Alkohol ist Beuteware.) Es beginnt jetzt ein wüstes Treiben. Alle fangen an zu trinken, Prof. Kalk und der Major werden gezwungen mitzutun. Währenddessen verschwinden unauffällig von den Kalkschen Freundinnen. Ich kenne das Haus zu wenig, um ein Versteck zu finden und bleibe. K. raunt mir zu, ich solle doch auch endlich gegen, und zwar sofort und in den Bunker. Er hat wahnsinnige Angst – nicht um uns. Nur für sich. Es wäre Wahnsinn, jetzt allein bei Dunkelheit in den Garten hinauszugehen, zumal die Russen auf jeden, der bei Nacht einen Fuß vor die Tür setzt, schießen. Zudem weiß kein Mensch, wo der Bunkerschlüssel ist. Ich bleibe im Zimmer. Es ist besser, in der Nähe des Majors zu bleiben. Er allein könnte helfen im Falle eines Angriffs unserer „Gäste". Allen ist der Alkohol schon zu Kopf gestiegen. Einer der Offiziere legt sich auf die Couch, einige andere trinken mit K. und dem Major, ein weiterer sieht sich anscheinend interessiert die Gegenstände im Zimmer an, kommt jetzt auf mich zu und verlangt meine Uhr. Ich gebe sie ihm. Dann nötigt er mich, mit ihm zu trinken. Ich nehme ganz wenig, während er ein Glas nach dem anderen herunterstürzt. Er kann kaum noch auf den Beinen stehen, als er mich am Arm zerrt und mich auf den Flur schleifen will. Ich weigere mich, der Major springt hinzu, wird aber von einem bewaffneten Soldaten, der vor der Tür steht, zurückgewiesen. Es ist derselbe von heute Mittag, der uns schon so unheimlich vorkam. Er hilft dem Betrunkenen die Treppe hinauf und stößt mich auch vor sich her. Ich fange mit dem Offizier, der mich auch immer noch am Arm festhält, an zu ringen, biete meine ganze Kraft auf, um mich von ihm loszumachen – alle Mühe ist umsonst und geradezu lächerlich. Wenn nur nicht immer dieses bewaffnete Scheusal danebenstehen wollte. Ich habe das Gefühl, mit dem Betrunkenen allein irgendwie im Guten fertig zu werden. Und dann stößt uns der Grimmige einfach in ein Schlafzimmer hinein. Es ist stockdunkel. Ich sitze mit dem Russen auf dem Bettrand, finde ein Streichholz und versuche, ihn mit allem Möglichen von mir abzulenken. Aber immer wieder leuchtet der Soldat von draußen mit seiner Taschenlampe durch das Oberlicht der Tür hinein und feuermeinen Bedränger an. Ich verstehe ihn zwar nicht, aber es muss schon so sein, denn jetzt reißt mir der Betrunkene einfach die Bluse vom Leib. Ich bin verzweifelt und in meiner großen Not fange ich laut an zu beten. Ob er wohl gemerkt hat, dass es ein Gebet ist? Jedenfalls sitzt er jetzt still neben mir, hört zu und schläft mich fest umschlingend ein. Ich bleibe bewegungslos liegen, einmal um ihn nicht zu wecken, zum anderen des Scheusals wegen vor der Tür, damit es endlich hoffentlich zufrieden ist, wenn es das nächste Mal durch das Fenster schaut. Wie lange ich so in den Armen des Russen liege, weiß ich nicht. Nach einer mir endlos lang erscheinenden Zeit kommt Kalk hinein, stößt den schnarchenden Russen zur Seite und nimmt mich mit aus dem Zimmer. Alle bis auf die Wache sind restlos betrunken und momentan ungefährlich. Ich komme glücklich bis zu Dr. Grafs Zimmer (Graf ist auf der Gesandtschaft) und schließe die Tür hinter mir ab. Kurz darauf wird sie mit Kolbenschlägen und Fußtritten traktiert. Ich sitze auf dem Bettrand, zittere fürchterlich, denn jeden Moment muss die Tür zerspringen. Ich bin wie gelähmt vor Entsetzen und Angst. Doch mit einmal wird es draußen ruhig. Nach kurzer Zeit ertönt ein Signal und bald darauf verlassen alle Russen das Haus. Es ist inzwischen hell geworden, ohne dass ich es bemerkt habe. Im Hause kommt jeder nach und nach aus seinem Versteck hervor; keiner spricht ein Wort. Wir Frauen setzen uns zusammen in ein Zimmer, während K. und der Major sich in Haus, Garten und Bunker umsehen, um festzustellen, was fehlt. Frl. X verteilt an uns alle Zyankalis; eine solche Nacht kann keiner von uns noch einmal mitmachen. Ich bin noch in Gedanken versunken, als neben mir jemand sagt: „An Ihrer Stelle würde ich versuchen, zu Dr. G. auf die Gesandtschaft zu gehen." An die Möglichkeit habe ich gar nicht gedacht und sie scheint tatsächlich der einzige Ausweg zu sein. So wie ich bin, ohne irgendetwas mitzunehmen, nur zur Sicherheit das Pulver, mache ich mich unverzüglich auf den Weg. Es ist ein gefährliches Unternehmen, trotzdem die Gesandtschaft ungefähr nur fünf Min. entfernt liegt.

Ich schleiche mich auf allen vieren an der Hecke des Kalkschen Gartens entlang. Auf jedem Baum und hinter jedem Strauch kann ein Russe versteckt sein. Man hört von allen Seiten Schüsse und sieht niemanden. Ich gelange bis zur Straße, von links zwei Russen, sie sind etwa 100 m entfernt und haben mich noch nicht entdeckt. Ich nehme mir ein Herz, laufe in entgegengesetzter Richtung bis zum Nachbargarten. Hier versuche ich, in das dazugehörige Haus hineinzukommen, die beiden Soldaten sind jetzt ganz nahe. Von innen wird eine Gardine vorsichtig zur Seite geschoben, am Fensterspalt erscheint eine alte Frau. Ich bitte um Einlass, flehe, aber die Frau lässt sich nicht erweichen. Gewiss hat auch sie in der vergangenen Nacht Schreckliches erlebt und nun wahnsinnige Angst. Ich schleich mich um das Haus herum, um von der Straße aus nicht gesehen zu werden. Die beiden Landser gehen vorbei. Nach wenigen Minuten setze ich meinen Weg fort. Eine kurze Strecke lang ist kein Mensch weit und breit zu sehen, die Straße macht eine Biegung und nicht weit entfernt sehe ich einige Russen, die gerade ein MG aufbauen. Zum Glück drehen sie mir den Rücken und ich brauche nicht an ihnen vorbei, weil die Gesandtsch. näher liegt. Ich renne nun wie wild, um das rettende Tor zu erreichen, ehe ich entdeckt werde. Trotzdem meine Beine mich kaum noch tragen vor Aufregung und Angst, gelingt es mir. Ich laufe nun noch durch den großen Garten, komme bis zum Gesandtsch.-Gebäude und hier schaut ein Russe mir aus dem Fenster entgegen. Damit habe ich nicht gerechnet, verwirrt und verzweifelt renne ich weiter, nur um seinem Blickfeld zu entkommen, und laufe direkt Dr. G. in die Arme. Gott sei Dank!

G. nimmt mich mit ins Haus. Fräulein R., seine Sekretärin, ist rührend um mich besorgt, doch meint G., ich könne kaum hierbleiben als Deutsche. Trotzdem versucht er, für mich zu bitten. Nach ca. einer Std. kommt er zurück. Die Russen haben mich als Küchenmädchen angenommen und G. meint, nun könne er wahrscheinlich auch den Minister überreden. Ich bin ihm vom Herzen dankbar.

Im Keller, in den ich nun geführt werde, hausen alle Sekretärinnen und zwei schweiz. Journalisten. Erstere dürfen sich kaum im Obergeschoss sehen lassen; die Russen nehmen anscheinend auch auf Schweizerinnen keine Rücksicht. Trotzdem sind sie noch nie in den Keller vorgedrungen und somit kann man hier ruhig und ungestört hausen. Ab und zu kommt Dr. G. herunter zu Besuch, um nachzusehen, ob wir mit allem versorgt sind. Die folgende Nacht schlafe ich mit Frl. R. zusammen auf der Erde. Es muss ungefähr Mitternacht sein, als wir von einem heftigen Klopfen an der Kellertür geweckt werden. Plötzlich fallen Schüsse, anschließend ertönt ein tierisches Schreien und Stöhnen. Es wird draußen immer noch gekämpft. Es ist ein seltsames Gefühl, als Deutsche in einem Haus zu sein, das von Russen gegen Deutsche verteidigt wird. Am nächsten Morgen erfahren wir, dass ein russ. Jugendführer im Garten erschossen wurde.

Dr. G. bringt Graf mit zu uns. Er ist einer der eigentümlichsten Menschen, die mir je begegneten. Persischer General, Ehrenbürger v. Lichtenstein mit einem erkauften Grafentitel. Er war auf dem Alexanderplatz im Gefängnis, entkam beim Einmarsch der Russen und sucht jetzt Schutz bei den Schweizern. Man erzählt mir von wertvollem, wunderbarem Schmuck, den er bei sich hat. Momentan ist er unentbehrlicher Dolmetscher zwischen Schweizern und Russen. Sein Aussehen ist orientalisch – gelbliche Haut, dunkles Haar und mir fallen seine ganz langen Fingernägel auf. Wir hören ihm alle gern zu. Er ist interessant und originell – Letzteres noch betont durch sein sehr gebrochenes Deutsch.

Die Tage in unserem dunklen Gewölbe sind recht gemütlich. Einmal, am Nachmittag, wenn die Russen fort sind, dürfen wir für eine Stunde in den ersten Stock des Hauses. Hier treffen wir jeweilen einige andere Schweizer, die aus Berlin flohen und hier Schutz finden. Sie sind in Nachbarhaus einquartiert.

Graf M. übersetzt die herrlichsten Sachen. Heute kommt er in die Küche und sagt, die Russen möchten gern viele Gänge und wenn möglich ausgefallene schweiz. Gerichte. Bei Tisch wundert sich jeder, dass die R. von den mit viel Mühe hergestellten Leckerbissen kaum etwas essen. Nach einigen Tagen stellt sich heraus, dass der Graf die bestellten Gerichte gern isst, die Russen aber immer noch an ihre Gulaschkanone gehen, um satt zu werden – sie sind andere Portionen gewohnt.

Nachdem sich alles etwas beruhigt hat, die Schießereien aufhören, gehe ich zu Kalk, um meine Kleider zu holen. Einen großen Teil meines Rucksacks plünderten die beiden Ukrainerinnen, die jetzt auf russ. Seite übergegangen sind und vor denen man Angst hat im Kalkschen Hause, und meine eiserne Lebensmittelration ist auch verschwunden.

Am 8. Mai wird der Waffenstillstand verkündet. Auf der Gesandtschaft wird ein Fest veranstaltet. Ich bleibe an diesem Abend allein im Keller.

Die folgenden Tage – wir können uns in Haus und Garten jetzt frei bewegen, weil die Russen ausgezogen sind – genießen wir die Maisonne und die, wenn auch immer noch beschränkte Freiheit. Im Garten wird Pingpong gespielt, auf dem flachen Dach des Hauses nehmen wir Sonnenbäder und abends wird geklönt. Graf M. sagt, gegen kleine Geschenke, aus der Hand und Karten wahr und wenn er Märchen aus 1000-und-1-Nacht erzählt, vergisst jeder Zeit und Kummer.

Wie ein Blitz trifft uns alle die Nachricht, dass die Gesandtsch. Mitglieder sich bereit zu halten haben für den nächsten Vormittag, um nach Moskau zu fahren. Alles ist in Aufregung. Jeder packt, in der Küche wird Proviant zubereitet. Dr. G. und ich besprechen, was ich jetzt am besten tun soll. Zu K. zurückkann ich nicht, zu den Verwandten nach Bln. zu gelangen ist unmöglich. Schließlich gibt Graf mir einen Brief an Fr. Sauerbruch, die in der Nähe wohnt und mir evtl. weiterhelfen kann.

Gegen 11 Uhr am nächsten Vormittag erscheinen zwei Lastwagen. Alle, vom Minister bis zur kleinsten Sekretärin, müssen aufsteigen. Ein schneller Abschied und dann sind alle verschwunden.

Zehn Min. nach diesem Ereignis – ich habe gerade vorher noch auf Graf Ms Anraten hin, meine Habseligkeiten in ein Nachbarhaus gebracht – stehen ein Kommunist und drei Russen vor der Tür. Sie sind gekommen, um das Haus zu beschlagnahmen. Es darf kein Stück mehr herausgetragen werden. Viele Menschen aus der Umgebung, die Radioapparate, wertvolle Gegenstände etc. zur Aufbewahrung auf die Gesandtschaft brachten, bekommen ihr Eigentum auch nicht mehr zurück. Die vier Russen sind unheimliche Typen. Graf M. und ich begegnen ihnen auf der Treppe des Hauses. Zum Glück versteht der Graf Russisch. Die Leute unterhalten sich offenbar über mich und M. raunt mir zu: „Verschwinden Sie von hier so schnell als irgend möglich." Ich gehe in aller Eile zum benachbarten Haus, in welchen ein Teil der zurückgebliebenen Schweizer wohnt. Hier treffe ich u. a. auch die Polin, Frau Kathrin, die in der Gesandtschaft als Wirtschafterin angestellt war. Sie ist eine ältere, dicke, mir unheimlich erscheinende Person. Übertrieben freundlich, besonders auch zu mir. Alle vermuten wir, dass sie mit den Russen zusammenarbeitet. Auch jetzt fragt sie mich mit übertriebener Anteilnahme über meine Pläne aus und bietet mir ihre Hilfe an. Ich gebe ihr ausweichende Antwort und bin froh, als sie geht. Vom vielen Rauchen und der Aufregung tut mir mein ganzer Körper weh, mein Herz krampft sich ab und zu zusammen und in den Beinen habe ich ähnliche Schmerzen.

Nach und nach haben sich alle Überbleibenden versammelt; es ist ein seltsames Häuflein Menschen. Außer dem Grafen M. ein mediz. Student ein blonder, junger Mann, der angeblich gerade in Bln. von den Kämpfen überrascht wurde, als er seine univers. Papiere holen wollte. Herr Maximschuck, so heißt er, spricht zu unsrer aller Glück Russisch. Blanchoud, französischer Oberleutnant mit schweiz. Staatsangehörigkeit. Er ist klein, dunkel, hat ein Bärtchen auf der Oberlippe, eine auffallend gerade Haltung und trägt ständig eine Baskenmütze. Hr. Niederer, ein kleines, fast zahnloses Männchen mit verkniffener Rundbrille und einem steifen Bein. Es geht die Legende, dass er ehemals sehr reich gewesen sein soll. Er kam als Geschäftsmann nach Deutschland und hat hier einige Male im Gefängnis gesessen. Fritz Dreier, ein langer, schweigsamer Lastwagenfahrer und sein Bruder Willy, der klein, untersetzt ist und einen netten, aufgeschlossenen Eindruck macht. Buri, ein großer, starker Mensch mit noch größerem Mundwerk; auch er fuhr Laster, seine Arme sind tätowiert und er macht keinen Hehl daraus, dass er verschiedentlich schon im Gefängnis war. V. Muralt, ein Junge von 18 Jahren, schmächtig, farblos, weiß noch nicht recht, was er will. Frl. Engel, 22-jährig, wirkt viel jünger, kess, ewig lächelnd. Mit diesen Menschen sitze ich in einen Raum und man berät, wie und auf welchem Wege man am schnellsten in die Schweiz kommt. Schlussendlich wird der Plan entworfen, am nächsten Tag mit den hinterbliebenen Gesandtschaftswagen bei Dessau über die Elbe zu fahren und von dort aus weiter. Den Russen in erster Linie zu entkommen, ist das Ziel aller. Ich bitte darum, mich bis auf die andere Seite der Elbe mitzunehmen. Dies erscheint mir der schnellste und sicherste Ausweg. Man hat Angst, wenn ich mitfahre, weil ich Deutsche bin. Der größte Teil ist dagegen, besonders Niederer und F. Dreier. Schließlich legt Max ein gutes Wort für mich ein. Er hat die Leitung übernommen; ohne ihn kann man kaum auskommen. Er spricht Russisch, scheint die Menschen aus dem Osten gut zu kennen – man fühlt sich in seiner Gegenwart sicher. Er stimmt die Schweizer um. Er verspricht jedem, soweit es in seiner Macht steht, eine gesicherte Heimfahrt und alle wissen, dass sie von ihm abhängig sind.

Die letzte Nacht in Bln. schlafe ich bei der Wirtin des Hauses; sie ist freundlich zu mir und ich gebe ihr als Dank meine Schaftstiefel. Gegen 11 Uhr am nächsten Vormittag geht die Reise los. Auf vier Autos verteilt scheint alles gut organisiert. Max fährt auf einem Motorrad; er hat bei den Russen für alle Fahrzeuge noch eine Fahrbewilligung erwirkt. Somit kommen wir ohne Weiteres durch alle Sperren. Wir fahren über den Ring nach Potsdam. Ich sitze mit Blanchoud in einem kleinen Zweisitzer – er ist ein freundlicher Mann. Außerdem sind wir alle, im Hinblick auf baldige

Vereinigung mit den Angehörigen, in froher Stimmung. Es haben sich in der ganzen Gegend, die wir durchfahren, tiefer Spuren des Krieges eingegraben. Am traurigsten sehen die Wälder aus, die, wenn nicht total verbrannt, völlig verwüstet sind. Überall liegen Trümmer von Geschützen, Kanonen und Gewehren. Wir fahren Autobahn; sie ist völlig unbelebt, wir sollen bald den Grund dafür erfahren. Schon nach kurzer Zeit kommen wir an die erste, gesprengte Brücke. Es ist aber keine große Schwierigkeit, sie zu umfahren genau wie bei allen noch folgenden auch. Diese sinnlose Zerstörung erscheint jetzt besonders lächerlich – es ist jedes Mal höchstens ein Umweg von wenigen Minuten. In einem Dorf sehen wir einen Briefträger, der mit höhnischem Lachen von einem Berg Post die Hitlermarken abreißt.

Ungefähr 3 km von D. entfernt hat Max's Motorrad einen Defekt. Es dauert lange, ehe der Schaden gefunden und behoben ist. Es ist inzwischen dämmrig und kurz darauf dunkel geworden, sodass wir nicht mehr damit rechnen können, über die Elbe zu kommen. Wir erreichen noch die gesprengte Elbbrücke. Es bleibt uns nichts anderes übrig, als die Nacht im Wagen zu bleiben und den nächsten Tag abzuwarten. Uns allen ist die Gegend unbekannt. Aus den in der Nähe gelegenen Gehöften sind hin und wieder Stimmen zu hören, doch wissen wir nicht, ob es Russen sind oder Deutsche, und wir beschließen, lieber am Elbufer zu bleiben. Einer von unseren Männern hält immer Wache; trotzdem kann kaum einer von uns ein Auge zu machen. Gegen 5 Uhr kommt Max zu mir und sagt, dort schwimme eben einer auf die andere Seite. Das Gescheiteste wäre, wir machten das Gleiche. Die anderen können sich nicht von Auto und Gepäck trennen und da Max allen versprochen hat zu helfen, bleibt auch er. Bei Tageslicht sehen wir, dass die Riesenbrücke erst eingeweiht werden müsse, und anschließend könnten wir dann auch herüber auf die amerik. Seite. Wir schenken ihm guten Glauben und sehen uns zunächst einmal die nähere Umgebung an. Fr. Engel und ich bereiten aus den mitgebrachten Vorräten eine Mahlzeit, es schmeckt uns allen gut, weil wir von der Fahrt und der Luft hungrig geworden sind. Gegen Mittag fahren ungezählte Autos an uns vorbei; sie sind beladen mit Kriegsgefangenen aller Nationen, die jetzt von dem Russen entlassen werden. Sie singen, winken und machen einen glücklichen Eindruck. Später steht plötzlich ein Fremder neben mir. Er entpuppt sich als flüchtender Soldat, der Essen haben möchte. Es kommt mir seltsam vor, dass er meine Frage, ob er Deutscher sei, beantwortet: „Aber nein, ich bin Österreicher." Er ist sichtlich empört über diese Zumutung. Ich entdecke dann auch ein Bändchen mit den österr. Farben an seinem Anzug. Wer weiß, vielleicht war auch er einmal ein begeisterter Hitleranhänger.

Am folgenden Tag ereignet sich nichts. Die Brücke scheint in Ordnung zu sein, denn alle Autos mit den Gefangenen sind herübergefahren. Vielleicht hat uns der Major vergessen? Erst am dritten Tage nachmittags kommt er wieder. Er hat einen Wagen bei sich und sagt nur, wir sollen ihm alle folgen. Doch der Weg, den er einschlägt, führt nicht über die Brücke. Was hat er mit uns vor? Der

Russe schlägt ein ziemliches Tempo an und B. und ich bleiben mit unserem kleinen Wagen weit zurück, wenn Bl. etwas mehr Mut und Initiative hätte, würde ich ihn überreden, eine andere Richtung einzuschlagen. Die Fahrt hinter dem Russen her erscheint mir zu unheimlich. Max kommt zurückgefahren. Er ist optimistisch. Er meint, alles gehe gut, spätestens morgen seien wir auf der anderen Seite.

Es ist schon dunkel, als wir schließlich in ein Lager einfahren und vor einer Holzbaracke Halt machen. Wir gehen hinein und mein Herz setzt ungefähr aus, als wir in ein Zimmer kommen, in dem wir von drei entsetzlich aussehenden Russen empfangen werden. Der Raum selbst ist angefüllt mit bunten Gegenständen, auf dem grünen Schreibtisch liegt eine goldviolette Decke. Darauf steht ein in allen Farben schillernder Porzellanpapagei und daneben ein bunter Blumenstrauß. Hinter dem Tisch sitzt ein Russe mit einer Sonnenbrille auf der Nase. Er scheint hier zu befehlen und verhandelt über unsere Köpfe hinweg mit einem anderen Uniformierten. Mir ist ganz elend vor Angst. Ich kann kein Wort von dem verstehen, was über uns da verhandelt wird. Ich habe nur das bestimmte Gefühl, in eine Falle gegangen zu sein. Und mir wird erst wieder an der frischen Luft etwas wohler. Wir sollen angeblich einige Tage im Lager bleiben. Es seien noch andere Schweizer hier. Man wolle sie sammeln und dann alle gemeinsam heimbringen. Max hat nicht erzählt, dass ich Deutsche sei, zumal kein Mensch ein Papier verlangte. In einer Baracke werden uns zwei Zimmer zugewiesen in denen noch zwei ältere Herren, die sich als ital. Offiziere entpuppen, eifrigst damit beschäftigt sind, ihre Sachen auszuräumen. Es tut uns leid, sie zu vertreiben, aber es bleibt ihnen und uns nichts anderes übrig. Die Räume sind ziemlich groß, aber fast leer. Ungefähr drei Betten, zwei Stühle und ein Tisch bilden das ganze Mobiliar. In dieser Nacht müssen wir uns damit begnügen, für den nächsten Tag verspricht man uns mehr. So gut es geht, richten wir uns für die Nacht ein. Jeder schläft auf Mänteln und Decken bald ein. Besonders nach denen im Auto verbrachten Nächten ist es eine Wohltat, ausgestreckt liegen zu können. Am nächsten Morgen stellen wir fest, dass wir uns im ehemaligen Kriegsgefangenenlager Luckenwalde befinden. Es ist ein riesiger Komplex bestehend aus ungezählten Baracken umgeben von hohem Gitter. An jeder Seite und Ecke der Umzäunung sind außerdem hohe Wachttürme aufgebaut, an denen noch Reste von Scheinwerfern zu sehen sind.

In unserer Baracke wohnen vier ital. Generäle, ein polnischer Oberstltn., zwei Köche und einige Ordonnanzen. In fast allen anderen Baracken hausen die Leute noch wie zur Kriegszeit: drei Betten übereinander, 100–150 Mann in einem Raum. Es sind Polen, Italiener, Serben, Bulgaren und Ungaren. Amerikaner, Engländer, Franzosen und Norweger wurden entlassen. Man hat nicht den Eindruck, gefangen zu sein. Die Zäune sind durchlöchert, die Wachttürme unbesetzt, man kann, wenn man will, aus dem Lager hinaus. Auf großen Plätzen wird Fußball gespielt. Um die Baracken herum liegt viel Schutt, Schmutz und Abfälle. Die Amerikaner habe angeblich in Zelten gewohnt. Als sie gingen, wurden sie abgerissen, und jetzt wühlen viele Soldaten in den Überresten nach brauchbaren Gegenständen. Alles macht einen deprimierenden Eindruck und ich wünsche mich weit weg von diesem Ort.

Man sagt uns nicht, wie lange wir in L. bleiben, und da schon zwei Tage vergangen sind und noch nichts erfolgt, fangen wir an, uns einzurichten. Nach vielen Bemühungen bekam Max für jeden von uns ein Bett und einen Stuhl, einen Teller und eine Tasse. Die acht Männer schlafen in einen Raum, Frl. Engel und ich in nächsten. Unsere Betten stehen übereinander und zwei Schränke dienen als Wand zum übrigen Teil des Zimmers, der als Wohn- und Essraum dient. Für die Wände verfertigt Max originelle Skizzen und Zeichnungen. Auf einem der Schutthaufen finde ich zwei alte Krüge, die als Vase herhalten, und mit einigen Blumen darin sieht alles schon etwas freundlicher aus. Morgens, mittags und abends können jeweils zwei von uns in der Lagerküche Essen holen. Zum Frühstück gibt es Kaffee und russ. Brot, mittags und abends eine dicke Graupensuppe, ab und zu ein kleiner Zucker oder Wurstzuteilung. Uns macht einstweilen dieses Essen keinen großen Kummer, haben wir doch noch ziemliche Vorräte aus Berlin. Jeder musste alles, was er hatte, abgeben und es wurde für die Allgemeinheit in einen gemeinsamen Schrank gegeben.

Wir sind nun schon sechs Tage im Lager. Kein Mensch macht Anstalten, uns wie versprochen heimzufahren. Außerdem sind keine weiteren Schweizer im Lager. Uns kommt alles etwas unheimlich vor. Die Wagen stehen alle nicht unweit unserer Baracke und werden von einem Russen bewacht. Unter uns zehnen bilden sich kleine Gruppen; alle zusammen vertragen wir uns aber ganz gut. Selbst Niederer und Dreier sind mir jetzt freundlich gesinnt. Sie sind froh, jemanden zu haben, der ihre Hemden wäscht und bügelt. Unsere Zimmernachbarn, die Generäle, machen einen netten Eindruck. Graf M. hat sich schon mit ihnen angefreundet. Ich bin überhaupt erstaunt, wie gut er sich der Situation angepasst hat. Er stöhnt nur hie und da wegen Schlaflosigkeit und heute früh kommt er zu mir und sagt: „Meine liebe Fräulein Keller, ich habe gefangen ein Tier heute Nacht, keine Wanze war es und kein Floh, eine Wanzefloh." Auch wir anderen sind sehr geplagt von Ungeziefer. Langweilig ist es aber keineswegs in diesem Lager. Es gibt unendlich viel Interessantes zu sehen und zu hören. An unserem Fenster gehen viele Russenmädchen vorbei. Sie tragen gestohlene Kleider und Schuhe. Auffallend ist ihre Vorliebe für leuchtende, bunte Farben. Es wirkt komisch, wenn man die drallen Mädchen mit knapp anliegenden Abendkleidern zu jeder Tageszeit herumlaufen sieht; viele tragen auch nur die Unterkleider und Stöckelschuhe, auf denen sie sich nur mühsam vorwärtsbewegen können. Eine von ihnen versucht sich in diesem Aufzug auf einem Fahrrad, fällt kurz darauf hin und schlägt sich das Knie auf. In dem rosaseidenen Abendkleid ist ein klaffendes Loch, beides macht auf sie keinen Eindruck – sie versucht ihr Heil von vorne. Viel besser gefällt mir ein Csardas, den einige Soldaten mit ihren Mädchen improvisiert zwischen einigen Lastwagen, in Bauernkleidern tanzen. Ab und zu gehen wir spazieren. Wir lassen uns in Gespräche mit anderen

Lagerinsassen ein. Viele – meistens aber Polen – sind schon fünf Jahre hier. Sie erzählen von ihren Erlebnissen in dem vergangenen Jahre; zusammengepfercht zu 100 u. 150 Mann lebten sie jahrein, jahraus in einer Baracke. Ihre Freiheit war beschränkt, man ließ ihnen 1m Ausgang um ihre Behausung herum und dann kam Stacheldraht, der noch heute da ist. Ich bewundere die Haltung dieser Leute.

Die Serben des Lagers sind teilweise bewaffnet, die Russen stellen sie als Wachen ein. Die Mehrzahl neben den Polen bilden die Italiener. Aus ihren Baracken dringen viel Gesang und Lärm. Vor ihnen soll angeblich nichts sicher sein. Wo es etwas zu „organisieren" gibt, sind sie dabei. Kein Hund, keine Katze, ja selbst das wenige Vieh in der Umgebung ist vor ihnen sicher – alles wandert in ihren Kochtopf. Die Russen verbieten ihnen aus diesem Grunde, das Lager zu verlassen, und stellen sie zur Arbeit an.

Max und ich gehen nach dem Vorbild anderer aus dem Lager heraus und sind verwundert, dass wir von dem bewaffneten Wärter, an dem wir vorbeikommen, nicht angehalten werden. Unweit von Stacheldraht entfernt ist ein großer Friedhof. Gefangene haben aus Holz große Heiligenbilder geschnitzt und die Gräber sind alle in gutem Zustand. Wir gehen weiter durch einen kleinen Wald, d. h., man kann ihn kaum als solchen bezeichnen. Es sind nackte, lange Kiefernstämme, denen nur eine kleine Krone geblieben ist, und die Erde ist kahl, kein Gräschen konnte auf dem vielbegangenen Boden mehr gedeihen, überall liegt Papier herum. Doch dann breiten sich plötzlich große Wiesen vor uns aus. Das Gras ist üppig, Blumen blühen und wir sind glücklich, einmal wieder so viel Schönheit zu sehen. Diesen Spaziergang werden wir in Zukunft oft unternehmen.

Am nächsten Tag finden wir zufällig den Weg zur Stadt. Luckenwalde ist eine ausdruckslose, kleine Stadt; sie hat keine großen Zerstörungen erlitten während des Krieges. Die Straßen erscheinen trost- u. leblos. Ich sehe zum ersten Mal deutsche Mädchen mit Russen zusammen. Sie gehen meist Arm in Arm mit den Soldaten. Es sind ganz junge Dinger und ich bin wirklich zutiefst erschüttert. Vor einem Kino drängt sich eine Menschenmenge, russ. Musik wird durch einen Lautsprecher hinausposaunt, und Stalin und Molotow sehen überlebensgroß auf alles herab. Wir sehen uns interessehalber den Film an. Er spielt in Moskau, scheint vor zehn Jahren gedreht worden zu sein und wir finden es typisch, dass immerzu ein Zeppelin, ein Dampfschiff und drei Autos gezeigt werden.

Warum bleiben wir eigentlich in diesem Lager und versuchen nicht, auf einem anderen Weg heimzukommen? Jedes Mal, wenn ich Max diese Frage stelle, gibt er mir die gleiche Antwort: „Die Transportschwierigkeiten sind groß, die Straßen unsicher und vielleicht halten die Russen doch Wort und schicken uns heim." Momentan hat es allerdings nicht den Anschein. Es sind 14 Tage vergangen und nichts rührt sich. Bei uns wird die Stimmung ab und zu jetzt etwas gespannt. Unsere Vorräte schrumpfen ein, zwischen Niederer und dem Grafen entspannt sich langsam ein stiller Kampf. Jeden Morgen, wenn wir anderen alle noch schlafen, schleicht sich einer von ihnen heimlich an den Vorratsschrank und holt sich irgendetwas, was der Allgemeinheit zusteht, heraus. N. hasst den Grafen und versucht, ihm Böses anzutun, wo er nur kann. Auch unter den anderen brechen Streitigkeiten aus, und das Neuste sind Wetten, die abgeschlossen werden. Jeder will besser wissen, wie lange wir noch im Lager bleiben müssen. Fritz D. hat einen Italiener aufgetan, den er für den Abend einlädt. Er sagt, er sei – wie übrigens alle Italiener – ein Badollio-Anhänger. Seine Mutter ist Schweizerin und er spricht fließend Deutsch. Tarzan, so heißt er, will einen kleinen Tisch und zwei Freunde mitbringen, um eine spiritistische Sitzung abhalten zu können. Sogar Max schenkt dieser Sache einigen Glauben und ich bin gespannt, was dabei herauskommt. Um den kleinen Tisch setzen sich des abds. fünf Personen. Jeder muss seine Hände auf die Tischplatte legen und mit dem jeweiligen äußeren, kleinen Finger den des anderen berühren. Kein Wort darf gesprochen werden, und wenn irgendeiner der Anwesenden lacht, ist der ganze Zauber umsonst. Und dann ruft Tarzan den Geist irgendeines Verstorbenen (am günstigsten sind große Männer, sagt er) mit tiefer Stimme herbei. Napoleon hat es ihm am meisten angetan, denn sein Geist muss am meisten herhalten. Dann sagt T.: „Bist du da? Dann melde dich mit einem Schlag." Und wirklich hebt und senkt sich das Tischlein einmal. Alles ist jetzt gespannt. Napoleon soll nämlich gefragt werden, wann wir abreisen können. Sein Geist bekommt den Auftrag, die Zahl der Tage in Schlägen anzugeben. Das Tischlein hört nicht auf sich zu heben und zu senken. „Alles Schwindel", ertönt eine Stimme aus dem Hintergrund, doch die Beteiligten wollen noch mehr wissen. Jeder von ihnen darf nun einen persönlichen Wunsch äußern, die Gesichter aller sind gespannt, errötet und T. als gutes Medium hat einen fliegenden Puls. Einbildung macht viel aus, ich kann mir nur die Bewegung des Tisches nicht recht erklären, vielleicht hilft T. oder einer seiner Freunde etwas nach. Zu sehen ist aber nichts dergleichen. Auf jeden Fall sind alle gut unterhalten, nur finde ich das Spiel in unserer Situation gefährlich, weil sich jeder an das klammert, was Napoleon ihm prophezeit. Solange wir im Lager sind, wird nun fast täglich eine solche Sitzung abgehalten.

Tarzan ist sehr vielseitig. Im ital. Lagertheater tritt er als Clown auf. Er verschafft uns für die nächste Vorstellung „Ehrenkarten". Jeder von uns freut sich auf diese Abwechslung.

Mit viel Geschick haben die Italiener in einer Baracke eine Bühne errichtet; die Sitzgelegenheiten für die Zuschauer sind selbst zurechtgezimmert. Für die Russen stehen sogar Stühle mit Lehne in der ersten Reihe. Ein Operntenor, der sich in der Gefangenschaft einen langen Bart hat wachsen lassen, fungiert als Ansager. Und dann wickelt sich vor unseren Augen wirklich ein erstaunlich gutes Programm ab. Besonders die musikalischen Darbietungen sind großartig. Tarzan nimmt sich auch als Clown gut aus, er hat sich so entstellt, dass ihn anfangs nicht erkennen. Neben uns sitzen die Generäle aus unserer Baracke. Sie sind ältere Herren und haben in den letzten Monaten viel durchgemacht. General Tabellini lädt den

Grafen Max und mich für den nächsten Tag ein. Tassen und Stühle muss jeder selbst mitbringen.

Es ist inzwischen Juni geworden. Die Tage werden immer länger und die Sonne scheint unbarmherzig auf unsere Behausung. Wir sonnen uns auf einer winzigen Rasenfläche vor der Baracke, auch die ital. Nachbarn erscheinen in den komischsten „Sonnenanzügen".

Bei Herrn Bl. nehme ich franz. Unterricht. Es ist schwer, sich zu konzentrieren bei den vielen Menschen ringsum und dem Lärm, den sie verursachen.

Max und ich haben ein „Erlebnis". Das Grundstück ist jetzt abgesperrt für alle, weil die Italiener die Umgebung mit ihren Diebstählen zu unsicher machen. Polen und Serben müssen Wache halten, damit keiner hinauskann. Max und ich bummeln traurig an der Innenseite des Zaunes entlang, immer Ausschau haltend, ob sich nicht doch irgendwo ein Loch fände, durch das wir ungesehen hinauskönnen.

Plötzlich redet uns die pol. Wache an. Es ist ein nett aussehender Soldat, der Mitleid mit uns hat und uns durch den Zahn in die Freiheit verhilft. Wir sind glücklich, wieder einen Spaziergang in die hübsche Umgebung machen zu können. Als wir nach einer Std. zurückkommen, steht unser „Befreier" immer noch an derselben Stelle, schleust uns wieder ins Lager hinein und fängt ein Gespräch mit uns an. Seit Jahren hat er nur mit seinen Landsleuten, mit denen er in einer Baracke lebt, gesprochen und ist nun glücklich, sich einmal mit anderen Menschen unterhalten zu können. Wir merken ihm an, dass es ihn erleichtert, einmal von den schrecklichen Erlebnissen der vergangenen Jahre erzählen zu können. Der größte Kummer dieses Mannes ist, dass er überhaupt nichts mehr von seinen Angehörigen weiß. Er selbst ist gesund und seine Haltung nach sechsjähriger Gefangenschaft ist bewundernswert. Er zeigt uns Bilder von seiner Frau, seinem Sohn und dem großen Gut, das ihn gehörte. Er hat kaum Hoffnung, seinen Besitz noch einmal zurückzubekommen. Wenn er von den Deutschen nicht zerstört wurde, haben ihn bestimmt die Russen inzwischen annektiert. Es heißt, sagt er, sie, die Polen könnten heimgehen, jetzt wann sie wollten. Keiner von ihnen jedoch hat Geld zum Reisen. Trotzdem wollen in den nächsten Tagen viele ihr Glück versuchen. Herr K. bittet uns schließlich, ihn in seiner Baracke einmal aufzusuchen und um einen gemeinsamen Spaziergang für den nächsten Abend. Wir sehen ihn noch einige Male vor seiner Abreise. Beim Abschied gibt er mir einen alten Glasaschenbecher, den er Wohl irgendwo gefunden hat zur Erinnerung, trennt in letzter Min. noch einen Knopf von seiner Uniform für mich als Talisman. Viele gute Wünsche geben wir diesen, in die Ungewissheit ziehenden Männern mit auf den Weg.

Die Russen in unserer Nachbarschaft haben irgendwo ein Klavier aufgetan. Ein ganz Unentwegter spielt mit zunehmender Begeisterung von früh bis spät immer ein und dieselbe Melodie und macht uns alle miteinander verrückt damit. Abends dann erscheinen die russ. Schönen in ihren Abendkleidern mit viel Flitter und werden von kräftigen Soldaten nach dieser Melodie im Kreis geschwenkt.

.Buri hat in Luckenwalde einen Schweizer entdeckt, mit dem er sich angefreundet hat. Er ist kaum noch im Lager zu finden und wir sind nicht allzu traurig darum, weil er ein großer Radaubruder ist. Max erzählt mir heute früh, dass Niederer des Nachts Schokolade isst, damit er niemandem etwas abzugeben braucht. Er muss nach Ms Ansicht wider der Regel viel zurückbehalten haben. Nun denn. Möge sie ihm gut schmecken.

Ab und zu haben wir Gäste. Außer den Italienern kommt ein polnischer Oberst, der ehemals die Panzerkorps geführt hat. Ein interessanter Mann, dem wir gern zuhören, wenn er von seinen Kriegserlebnissen berichtet. Seine beiden Ordonnanzen sind blutjung, 17-jährig, stammen aus Oberschlesien, haben während des Krieges Bomben über Bln. abgeworfen und haben jetzt viel Freude an den Russenmädchen.

Auf Frl. Engels Bitten hin wird bei uns auch ein Tanzabend veranstaltet. Unsere Gäste sind die Italiener; sie bringen Musik, Mädchen und Fröhlichkeit mit. Frl. Engel ist in ihrem Element. Ab und zu gibt sie selbst ein Lied zum Besten und im Übrigen liegen ihr alle zu Füßen, dass Herr v. M. und Bl., denen sie sonst ihre Gunst abwechselnd gibt, ganz blass werden vor Eifersucht. Der Abend hat seinen Höhepunkt erreicht, als sich die Türe öffnet und der Lagerkommandant mit Sonnenbrille vor uns steht. Er verbietet derartige „Feste" und es bleibt uns nichts anderes übrig, als unsere Gäste nach Hause zu schicken.

Ich denke oft an zu Hause. Obwohl in Ostfriesland Kämpfe waren, leben die Eltern noch und vor allen Dingen frage ich mich immer wieder, ob wohl Günter von seiner Feindfahrt zurückkam? Die Ungewissheit bedrückt mich sehr. Ich wünschte, die Russen hielten ihr Versprechen u. wir könnten nun bald abfahren. Von hier aus eine Nachricht zu geben, ist außerdem völlig unmöglich.

Wie ein Blitz aus heiterem Himmel trifft uns eines Vormittags die Nachricht, dass wir uns in zwei Std. zur Fahrt bereitzuhalten hätten. Wohin weiß keiner. Auf jeden Fall behalten die Russen die vier Autos und das Motorrad, mit denen wir kamen, und wir werden auf einem Lastwagen verfrachtet. Buri fehlt, er ist noch in der Stadt. Max rennt in letzter Min. noch hinter ihm her und findet ihn tatsächlich. Der Abschied von den Italienern, denen wir noch unser Inventar vermachten, ist kurz, aber herzlich. Zu uns steigt noch ein junges, schwedisches Ehepaar, Cronwalls, und dann geht es in sausender Fahrt los. Keiner kennt die Gegend, die wir jetzt durchfahren. Es sieht anfangs aus, als führen wir nach Bln. zurück. Viel geredet wird nicht. Nach einer stündigen Fahrt fängt es an zu regnen. Von weit her auf der Landstraße vor uns ist eine schwarze Masse zu sehen, die sich näherkommend als ein Flüchtlingszug entpuppt. Es ist ein Bild des Jammers. Alte Leute, Kranke und Kinder schleppen sich mühselig vorwärts durch den Regen. Jeder hat seine Habe bei sich, gerade so viel, wie er tragen kann. All diese Menschen haben fast starre Gesichter, erloschene, selbst die Kinder sehen ausdruckslos und trostlos aus. Woher kommen diese Menschen und was ist ihr Ziel? Alle brauchbaren und kräftigen Frauen und

Männer sind anscheinend zurückbehalten worden. Der Zug nimmt kein Ende. Wir wissen immer noch nicht, in welcher Gegend wir überhaupt sind. Der Wagen muss halten und wir können schnell mit den Vorübergehenden ein paar Worte wechseln. Sie komme alle aus Sagan, mussten ihre Wohnung innerhalb von 20 Min. verlassen und durften nicht mehr als 20 kg mit sich nehmen.

Wir befinden uns also unmittelbar vor Sagan und sind, statt in den Süd-Westen zu fahren, weiter östlich geraten. Max tröstet wieder die erregten Gemüter. Er meint, man müsse erst einmal den Abend abwarten. Ohne Essen in dem Regen könne man uns sowieso nicht mehr weit fahren. Kurz vor S. steht auf der Landstraße eine Riesenmenge deutscher Soldaten. Sie sehen elend, müde, abgemagert und hoffnungslos aus. Was werden die Russen mit ihnen vorhaben?

Wir halten tatsächlich in Sagan, und zwar vor einer großen Einfahrt, die bunt geschmückt ist und über der grosse Bilder von Stalin und Molotow hängen. Wir müssen in eines der Hauser gehen, die hinter dem Tor liegen, und uns wieder auf der Lagerkommandantur melden. Wieder vertröstet man uns hier auf die nächsten Tage. Wir müssen also noch einmal Lagerleben mitmachen und anscheinend sind wir vom Regen in die Traufe geraten. Wieder werden wir für die Nacht in ein vor Dreck strotzendes Zimmer gesperrt. Wir bekommen Brot und weil es schon fast dunkel ist, sucht sich jeder so schnell wie möglich ein Plätzchen für die Nacht. Licht gibt es hier nicht. Wir sind durchnässt, schmutzig und müde und unsere anfängliche Freude vom Vormittag ist restlos erloschen. Ich liege auf der Erde, den Kopf auf meinem Rucksack, u. kann trotz Müdigkeit nicht einschlafen. Flöhe und düstere Gedanken quälen mich.

Am nächsten Morgen teilt man uns eine Wohnung zu. Wir befinden uns nämlich in dem einzigen von Sagan stehen gebliebenen Viertel, das von den Russen bezogen wurde und als Lager benutzt wird. Das Bild der Insassen ist ein recht buntes. Es sind viele Ungarinnen hier, Italiener, Serben, Griechen und zu unserem größten Erstaunen treffen wir sogar zwei Schweizer Familien. Beide Männer sind Melker. Einer von ihnen wohnt mit Frau und vier Kindern einige Häuser entfernt, der andere, ein kleiner, schmächtiger Mann mit einer robusten Frau und einer Tochter im Parterre unserer neuen, vierstöckigen Behausung. Wir können von sechs leer stehenden Wohnungen eine wählen. Alle sind in verwüstetem Zustand. Nachdem die Deutschen sie verlassen haben, sind mindestens alle Lagerinsassen einmal auf Raubzug hier gewesen. Das Schlimmste ist, dass man sich vor Federn nicht retten kann. Die Ungarinnen hatten keine Kleider und haben alle Federbetten aufgetrennt und sich aus dem Inlett neue genäht. Sie haben ohne Frage viel Geschick dabei entwickelt, denn sie sehen alle recht nett in ihrer roten Robe aus. Das ändert aber nichts an der Tatsache, dass wir, ehe wir überhaupt einziehen können, zunächst gegen Berge von Federn anzukämpfen haben. Es fragt sich nur, ob sich die Arbeit lohnt für so wenige Tage. Trotzdem entscheiden wir uns für eine Wohnung. Alle helfen mit putzen und schon gegen Abend sieht es ganz wohnlich aus. Cronwalls ziehen mit uns zusammen.

Wir haben Betten gefunden, in denen es sich herrlich liegt, bequeme Stühle, Tische, Schränke, Geschirr und sogar Kohlen. Es ist eine Wohltat, nicht mehr so eng aufeinander zu hocken wie in L. Auf vier Schlafzimmer verteilt hat jeder etwas mehr Ruhe und Luft. Das Essen wird auch hier aus einer Gemeinschaftsküche abgeholt. Es ist ganz gut. Wir sind glückl., statt Graupensuppe einmal Erbsen zu bekommen.

Ungefähr drei Tage lang sind wir alle noch mit Einräumen beschäftigt. Wir machen die reinsten Kreuzzüge durch die verschiedenen verlassenen Wohnungen. Anhand von Büchern, Fotoalben etc. erfährt man, wer die ursprünglichen Bewohner waren. Alles, woran dies Menschen hingen, liegt hier zerstört und verwüstet herum. Ich finde einige Bücher, die mich interessieren und bin glücklich, wenn ich einen stillen Winkel finde, in dem ich einmal wieder lesen kann. Cronwalls sind nette Menschen. Max und ich sind viel mit ihnen zusammen. Spaziergänge kann man nicht machen. Es ist streng verboten, das Lagergelände zu verlassen. Innerhalb des Grundstückes liegt ein ehemaliges Theater, umgeben von einem Park, in dem sich bei der Julihitze alles sonnt. Ungarinnen und Italiener haben sich schnell angefreundet, überall sieht man sie froh vereint beisammen. Aus allen Ecken schallt Gesang und Gelächter. Man hat nicht den Eindruck, von Russen interniert zu sein.

Ein Italiener führt uns auf den Boden des früheren Gymnasiums, wo er eine große, alte Bibliothek entdeckt hat. Riesenberge von Büchern liegen hier ungeordnet, zerrissen und beschmutzt herum.

Unheimliche Werte sind vernichtet, handelt es sich hauptsächlich um wissenschaftl. Werke jeder Richtung. Ich fische aus einer Ecke eine uralte, handgeschriebene Bibel heraus und nehme sie mit. Vielleicht kann ich sie retten und mit hinübernehmen. Wir gehen noch oft in dieses Versteck. Max ordnet einen Teil der med. Werke und wir suchen uns Lektüre für Sagan.

Heute nimmt mich der Graf zur Seite und bittet mich um eine Unterredung. Er erwartet mich am Nachmittag mit einer aufgesparten Zigarette. Ich falle aus allen Wolken, als er mir dann sagt, dass Buri, Dreiers und Niederer für mich eine Gefahr bedeuten. In L., als ich mich immer um sie alle kümmerte, ihre Sachen wusch etc. waren sie nett und freundlich. Der Graf vermutet, dass sie außerdem von Frau H., der Schweizerin unten im Haus, aufgeputscht seien. Dazu käme ihre Eifersucht, weil ich jetzt mehr mit Cronwalls und Max zusammen sei als mit ihnen. Er macht mir klar, dass ich von diesen Leuten abhängig bin, sie mich jeden Tag verraten können, und rät mir, mich wie in L. jeden Abend zu ihnen zu setzen. Ich bin dem Grafen dankbar, sehe ein, dass er nur zu recht hat, und versuche in Zukunft, allen gerecht zu werden. Auf Frau H. aufmerksam geworden nehme ich mir vor, sie ein wenig kennenzulernen. Hin und wieder lasse ich mich auf ein Gespräch mit ihr ein. Sie erzählt ziemlich freimütig, sie sei 14-mal von den Russen vergewaltigt worden. Man hat nicht den Eindruck, dass ihr das sehr unlieb war. Ihr Mann ist tatsächlich ein Schwächling und steht völlig unter dem Pantoffel. Sie selbst ist eine putzsüchtige, eitle Frau, die leicht eifersüchtig ist und vor der ich mich tatsächlich in Acht nehmen muss. Da sie so dick ist und schlecht zu Fuß, hängt sie den ganzen Tag im Fenster. Ihre Tochter Ingrid ist mit ihren acht Jahren auch schon eine kleine, eitle Person. Herr Buri ist sehr befreundet mit Fr. H. und ich bin mir darüber im Klaren, dass er ihr gesagt hat, dass ich schwarz mitreise. Auf jeden Fall hat der Graf bitter recht und ich muss sehr auf der Hut sein. Nur der Umstand, dass Max mir gut gesinnt ist, alle wissen, dass sie ohne ihn verkauft sind, hält sie davor zurück, mich an die Russen zu verraten. Ich nehme mir vor, von jetzt ab wieder mit der ganzen Meute zusammen zu sein, allabendlich mit ihnen Teller zu drehen und zu spielen. Ein besonderes Vergnügen ist es jedenfalls nicht; zumal jetzt ständiger Krach herrscht. Alle scheinen durch die Wartezeit mehr als nervös geworden zu sein. Alle haben, bis auf Max, Angst vor den Russen. Er ist überhaupt ein ganz undurchsichtiger Mensch. Lange Zeit hat er in Polen studiert, spricht alle slawischen Sprachen und scheint einige Abenteuer hinter sich zu haben. Er will mir, so sagt er, wenn wir einmal in Sicherheit sind, einiges mehr über sich erzählen. Trotzdem er jeder Lage gewachsen ist und allen Dreck mitmacht, fängt so ungefähr bei ihm der Mensch erst an, wenn er im Besitz eines weißen Frackes ist. Er selbst hält sehr auf sein Äußeres, so gut es im Lager möglich ist. Seine abgetragenen Hosen, sein pelzgefütterter Mantel, der sicher auch schon bessere Zeiten gesehen hat, sind immer in gepflegtem Zustand. Er flickt sich alles selbst, bügelt seine Hosen und jetzt hat er irgendwo einen alten Hut aufgetan, den er mit Geschick aufarbeitet. Max, der am meisten Geduld von uns allen hat, wird jetzt, nachdem wir nun schon zwei Wochen in S. sind, auch etwas ungeduldig. Er möchte das Wintersemester nicht verlieren. Er kann, wenn er will, ganz bestimmt allein durchkommen und mich wundert nur, warum er es nicht tut, zumal die anderen auch zu ihm unausstehlich geworden sind. Ich rate ihm zu, trotzdem ich innerlich bete, er möge bleiben. Aber das sind rein egoistische Wünsche. Für ihn wäre es wirklich verrückt, wenn er nicht ginge. Schließlich meint er, 14 Tage wolle er noch warten, wenn bis dahin nichts erfolge vonseiten der Russen, ginge er ganz bestimmt. Cronwalls und mir fällt ein Stein vom Herzen.

Am nächsten Tag kommt Max mit einem Erlaubnisschein für einen Stadtgang zurück. Wir sind froh, einmal ein wenig weiter gehen zu können. S. ist völlig zerstört. Alle Deutschen mussten die Stadt innerhalb von 20 Min. verlassen. Nur einige Eisenbahnbeamte und Fabrikarbeiter hielt man zurück. Sie arbeiten für zwei Teller Suppe am Tag. Das alles erzählt uns ein zum Skelett abgemagerter Junge. Er berichtet von allem Elend der vergangenen Wochen, von Nonnen, die man vergewaltigt hat und dann zur Straßenarbeit verwendet hätte. Er erzählt weiter, dass trotzdem noch Menschen geblieben wären, sich in den Trümmern versteckt hielten und auf Angehörige aus dem Osten warteten, die sie sonst gewiss verfehlen würden.

Wir kommen an russischen Soldaten vorbei, die uns nachrufen: „Nieder mit der Intelligenz." Und dann begegnet uns ein Zivilist, gut gekleidet und wohlgenährt. Näherkommend ist es unverkennbar ein Jude und wir wundern uns, was er wohl in dieser Öde allein treibt.

Auf dem Rückweg kommen wir durch einen großen Park, in dem das Schloss von S. liegt. Alles sieht auch hier vernachlässigt und traurig aus.

Es ist inzwischen Ende Juli geworden. Wir sitzen abds. gemütlich bei Kerzenschein und feiern Max' Geburtstag bei einer Rommépartie, als sich die Tür auftut und der Lagerkommandant vor uns steht. Er wolle kontrollieren, sagt er, wer so spät noch Licht brenne. Als Max ihm sagt, wir feiern seinen Geburtstag, lädt er ihn für den nächsten Vormittag zu einem Wodka zu sich ein und verlässt die Wohnung mit kurzem Gruß.

Der kommende Tag ist ein Sonntag. Max geht gegen 11 Uhr zu seiner Verabredung und als er um 2 Uhr noch nicht zurück ist, vermuten wir alle, dass man ihn gleich zu einem Fest mal noch dabehalten hat. Eine Stunde später steht der Kommandant ziemlich betrunken, ohne Max, in meinem Zimmer. Was will er und wo ist M.? Ich verstehe kein Wort von seinem Gestammel, bekomme nur wahnsinnige Angst, lasse ihn einfach stehen und renne an ihm vorbei aus dem Zimmer. Buri und Dreier, die allein noch im Hause sind, und die ich um Hilfe bitte, zucken ihre Achseln und sagen, ich solle sehen, wie ich allein mit dem Mann fertig würde. So also ist die Situation. Vielleicht haben sie mich schon verraten und der Russe kommt, um mich zu holen. Aus dem Haus wage ich mich auch nicht. Der einzige Ausweg ist das Klosett. Eine ganze Weile noch höre ich den Russen suchen, warten, als ich schließlich Cronwalls Stimme höre. Er spricht mit dem R., kommt dann sofort an meine Türe und meint, es bestände keine Gefahr, ich solle kommen. Der Kommandant hat meinen Ledermantel über dem Arm und will gerade gehen. Cronwall nimmt ihn ihm stillschweigend ab und verlässt mit ihm das Haus, um nachzuforschen, wo Max ist. Gegen Abend erst kommen die beiden zurück. Die Russen haben Max ein Angebot gemacht, als Arzt nach Russland zu kommen, ihn außerdem betrunken gemacht, um ihn auszuhorchen. Zum Glück war M. so schlau, sich rechtzeitig betrunken zu stellen, sodass er seinerseits die Leute ein wenig aushorchen konnte, und mir sagt er, dass wir durchaus damit rechnen mussten, noch weiter in den Osten verfrachtet zu werden. Er selbst trägt sich nun ernstlich mit Fluchtgedanken und ich rede ihm zu.

Die allgemeine Spannung unter uns wird täglich größer, trotzdem ich versuche, die entstandene Lücke zu überbrücken. Alle sind nervös u. gereizt, die Männer schlagen sich fast gegenseitig die Köpfe ein. Der Graf und Niederer überlisten und bestehlen sich gegenseitig, Buri tobt ab und zu wie ein Irrsinniger. Fr. E. und Blanchoud sind ein Liebespaar und machen sich dadurch einen Teil der Männerwelt zum Feind. Anfang August – Max macht ernstlich Reisepläne und ich male mir immerzu aus, was aus mir, ohne seinen Beistand werden soll – bekommen wir unerwartet den Befehl, uns zur Abfahrt bereitzuhalten. Dieses Mal ist die allgemeine Freude nicht so groß wie in L. Vielleicht ahnen wir alle, ohne es zu sagen, Schreckliches.

Auf unserem Weg zum Bahnhof begegnen wir einer Frau, die gerade verzweifelt mit einem Russen kämpft. Sie ruft uns flehentlich um Hilfe an. Max meint, es sei sinnlos, ihr zu helfen. Man mache sich verdächtig und außerdem sei der Mann bewaffnet. Die arme Frau. Ihre Hilferufe verfolgen mich noch lange Zeit.

Auf dem Bahnhof erwartet uns ein Güterzug. Außer uns sollen einige hundert ungarische Jüdinnen, Griechen, Rumänen und Bulgaren „heimgebracht" werden. Man teilt uns einen Viehwagen zu, in dem wir zu 37 Personen sind. Rechts und links der Türen sind auf halber Höhe große Bretter angebracht – als 1. Stock, um mehr Menschen unterbringen zu können. Sitzgelegenheiten gibt es keine. Jeder verstaut sein Gepäck und sucht sich sein Eckchen, um es sich bequem zu machen. Auf Max' Vorschlag machen wir uns aus einer Wolldecke eine Hängematte, einmal um Platz zu sparen und dann der Bequemlichkeit halber.

Der Bahnhof ist in einem fürchterlichen Zustand. Außer den Zerstörungen ist alles fürchterlich verschmutzt. Es scheinen schon viele Menschen von hier aus abgefahren zu sein. Wir bekommen eine Essenszuteilung für vier Tage.

In den Tagen, die wir allein auf dem Bahnhof warten müssen, leben wir wie die „Zigeuner". Wir kochen im Freien, schlafen in Kleidern mehr oder weniger übereinander. Schlimm ist, dass ich ruhrähnlichen Durchfall bekomme. Es gibt keine Klosetts und außerdem kaum einen Ort, wo man nicht in Unrat tritt. Waschgelegenheiten sind nicht auffindbar. Die Ungarinnen sind in jeder Hinsicht sehr ungeniert. Was haben die Russen mit uns vor?

Am fünften Tag setzt sich der Zug langsam in Bewegung. Wir halten oft, manchmal Stunden lang. Meistens steigt dann alles aus, versucht jeder, ein Feuer zu machen, um den brennenden Durst durch einen Kaffee oder Tee zu stillen. Mit der Zeit bekommt man eine große Fertigkeit im Anlegen einer Feuerstelle; manchmal gelingt es, das Wasser zum Kochen zu bringen, ehe der Zug weiterfährt. Die ganze Eisenbahnstrecke ist unglaublich verschmutzt. Außer den Waggons voller Menschen reist viel Material mit, das die Russen abmontiert haben und ein jeder Wagen wird stark bewacht. Meine Hängematte ist hoch oben unter der Decke angebracht und ich bin den vielen Fliegen, die sich hier oben des Nachts zur Ruhe hinsetzen, am nächsten. Trotzdem ist es gut, sich ausstrecken zu können. Bis ich eines morgens ziemlich unsanft von oben komme und direkt auf den Grafen falle. Wir sind beide mit einigen Beulen und dem Schrecken davongekommen. Das Essen ist schlecht und wenig. Wir beginnen mit den Russen einen Tauschhandel. Für meine Uhr (ich nahm von H. aus drei alte noch mit) bekomme ich ein Weckglas Fleisch, etwas Brot und Milch. Nach und nach wandert ein Stück nach den anderen in die Hand der Wachen. Wir sind nicht wenig erstaunt, als wir eines Morgens auf einen polnischen Bahnhof halten. Die Situation scheint langsam ziemlich eindeutig zu werden. Trotzdem mahnt Max zur Ruhe, er will erst volle Gewissheit haben. Ich sehe Polen zum ersten Mal. Auffallend sind die hässlich und nüchtern gebauten Häuser. Die Straßen sind angefüllt mit pol. und russ. Militär. Zivilpersonen sieht man ganz selten. Auf der nächsten Station halten wir auf einen Güterbahnhof und werden auf ein totes Gleis gefahren. Gegenüber steht ein anderer Zug, in dem pol. Familien verfrachtet sind, genau wie wir. Ein dritter kommt – es scheint eine Völkerwanderung im wahrsten Sinne des Wortes zu sein. Keiner weiß das Ziel, nur scheinen die Polen in entgegengesetzter Richtung zu fahren.

Ich entdecke auf einen Wagen die Anschrift eines Berliner Soldaten. Er schreibt dazu: „Mir geht es gut und herzlich. Grüße an meine Angehörigen." Ich möchte mir gern die Adr. aufschreiben, aber auch das ist hier verdächtig und Max verbietet es.

Der Graf holt mich und sagt mir freudestrahlend, er habe einen schw. Markt entdeckt. Ich solle mit ihm kommen. Er wolle sehen, was sich dort erhandeln ließe. Er selbst ist ein wahrhaft herrlicher Anblick. Aus kurzen Turnhosen gucken seine dünnen, weißen Beine hervor. Er trägt selbst gemachte Schuhe mit ziemlich hohem Absatz und vielen Bändern, und aus einer Wolldecke hat er sich einen Umhang fabriziert, sodass die Ecken in großen Zipfeln von den Schultern abstehen. Ich muss mich so gut es geht „zurechtmachen". Als Verkaufsobjekt nimmt er dann einen alten Futterstoff mit, den er einmal in Sagan irgendwo fand und später als Betttuch benutzte. Der Stoff ist rissig, wird aber so zusammengelegt, dass eine noch gute Stelle oben liegt, und dann machen wir uns auf den Weg. Außerhalb des Bahnhofs ist tatsächlich Markt. Auffallend ist, dass man hier alles kaufen kann, vor allen Dingen aber Esswaren, allerdings zu schwindelnden Preisen. Der Graf und ich gehen gelangweilt durch die Menschenmenge. Er spricht sehr lebhaft Russisch und ich verstehe kein Wort, nicke nur ab und zu und stelle fest, dass wir schon eine Anzahl Stoffinteressenten hinter uns haben. Der Graf tut, als merke er nichts und erst, als ihn ein Pole anhält und ihm einen Preis nennt, wird er aufmerksam. Alle Angebote, die ihm gemacht werden, weist er als zu wenig ab und schließlich sagt er: „Kommen Sie, wir gehen. Das hier lohnt sich nicht." Ich wundere mich sehr, denn die Angebote waren hohe. Doch der Graf hat Zeit und bekommt tatsächlich einige Tage später eine enorme Summe für den zerrissenen Stoff bezahlt. Mit viel List und pers. Geschäftstüchtigkeit tauscht er bei der russischen Wache seine Uhr ein und bekommt so viel, wie wir alle zusammen bisher nicht erhandelten. Jedes Mal, wenn er von den Herrlichkeiten isst, sagt er: „Ich jetzt esse Uhr."

Wir suchen auf jeder Station als Erstes nach Wasser. Es ist ein scheußliches Gefühl, sich nicht waschen zu können. Wenn wir Glück haben, reicht es gerade für Gesicht und Hände. Wir sind nun schon 12 Tage in diesem total verschmutzten und überfüllten Viehwaggon. Da wir immer weiter gen Osten fahren wird uns allmählich angst und bange. An der nächsten Bahnstation geht Max zum pol. R. K. und dort erfährt er, dass schon viele, viele Transporte wie der unsrige nach Russland gefahren seien. Neulich seien die ersten Flüchtlinge gekommen, die mit Schrecken von ihren Erlebnissen berichteten. Als Nächstes redet M. mit dem Lokomotivführer. Er ist Pole und M. bringt ihn dazu, ihm den Fahrbefehl zu zeigen. Das

Ziel für unseren Zug ist der Ural. Und jetzt da er 100 % Gewissheit hat, handelt Max. Zunächst gelingt es ihm, den Lokomotivführer zu bestechen. Er muss so lange auf der Station halten, bis es dunkel ist. Dann langsam anfahren, damit alle Wachen im Zug sind, daraufhin noch einmal kurz anhalten und dann in rasender Fahrt bis Russland durchfahren. (Wir sind ca. 80 km von der russ. Grenze entfernt.) Außerdem macht Max die Bekanntschaft einiger pol. Bahnbeamter. Auch sie bekommen einige 100 Zloty und versprechen uns Hilfe. Für den übrigen Teil des Tages verschwindet Max, kein Mensch weiß, wohin er gegangen ist. Cronwalls nehmen heimlich Abschied von mir. Sie wollen sich selbstständig machen, ließen ihr Gepäck heimlich fortschaffen zum anderen Teil des Bahnhofs und wollen versuchen, nach Warschau durchzukommen. Kein Russe merkt etwas. Sie tun, als suchten sie Wasser und sind dann plötzlich meinen Augen entschwunden. Ich sitze mit dem Grafen in banger Hoffnung, ob Max überhaupt zurückkommt. Was mag er im Sinn haben? Am Spätnachmittag steht er plötzlich wie aus der Erde gewachsen von mir. Er war in der Stadt, beim R. K. etc. hat, woran keiner dachte, Fahrkarten, Erlaubnisscheine etc., für uns alle besorgt. Ohne all dies wären wir niemals bis Warschau gekommen, und jeder Fluchtversuch umsonst.

Gegen 8 Uhr, es ist der 17. August, ertönt das Signal zum Einsteigen. Jeder von uns fiebert. Die nächsten Minuten entscheiden alles. Frau H. und auch die andere Schweizerin mit ihren drei kleinen Kindern bekommen plötzlich Angst und wollen nicht mitmachen, ebenso der Graf. Ich kann sie verstehen, zumal unsere Lage sich verschlimmern wird, wenn der Fluchtversuch misslingt. Max überlässt die Entscheidung allen selbst. Auch die Griechen und Rumänen sind auf uns aufmerksam geworden, hoffentlich verraten sie uns nicht in letzter Min.

Alles bereit. Der Zug fährt an. Max reißt die Türe auf, springt hinaus. Ihm folgen Menschen, Gepäckstücke, alles kullert in die Dunkelheit. Mir wird ein Kind in die Arme geworfen, es will schreien, ich halte ihm den Mund zu. Plötzlich fängt der Zug an zu rasen und ist kurz darauf verschwunden – der Lokomotivführer hat Wort gehalten. Wir suchen zunächst einmal uns selbst und dann das Gepäck zusammen. Alle, auch die Mütter mit ihren Kindern und der Graf, sind abgesprungen. Es fehlen lediglich drei Koffer. Einer der Polen kommt jetzt auf uns zu und führt uns über viele Gleise bis zu einem anderen Güterzug. Es regnet in Strömen. Wir sitzen jetzt hoch oben auf einem offenen Wagen, der mit Holzstämmen geladen ist. Ich habe in jedem Arm eines der Kinder; sie haben sich fabelhaft gehalten, alle waren sie mäuschenstill und auch jetzt verhalten sie sich tapfer. Drei Polen kommen. Sie wollen Geld, wenn sie bis zum Hbf. fahren sollen. Wir haben alle keines mehr. Einer nach dem anderen nimmt stillschweigend den letzten Schmuck oder die Uhr, um ab sie den Polen zu geben. Wir sind ihnen völlig ausgeliefert; sie nutzen die Situation aus und verlangen immer noch mehr. Erst als sie wirklich merken, dass nichts mehr zu holen ist, geben sie sich zufrieden (nachdem, wie sich später herausstellt, in der Dunkelheit noch drei weiter Rucksäcke vom Wagen gestohlen wurden).

Wir sind völlig durchnässt, als sich schließlich der Zug in Bewegung setzt und wir 15 Min. später am Hbf. landen. Unser Ziel ist Warschau. Wir hoffen, dort eine schweiz. Gesandtschaft zu finden. Vor allen Dingen müssen wir so schnell als möglich von hier fort. Das pol. R. K. erweist sich als sehr zuvorkommend. Wir bekommen ein Abteil in einem Zug Richtung W. Es regnet auch hier hinein. Wir sind alle erschöpft und müde. Gegen Mittag des nächsten Tages erreichen wir Polens Hauptstadt. Sie macht einen erschreckenden Eindruck, ist schlimmer noch zerstört als Bln. Trotzdem ist auf dem Bahnhof reges Leben und auch hier kann man für viel Geld alles kaufen.

Wir haben Angst von den Russen evtl. schon gesucht zu werden – in jedem Russen sehen wir einen Verdächtigen.

Für einige Zloty fährt uns ein Karren das Gepäck durch Trümmer hindurch bis zu einer RK-Station. Dies ist ein schauderhaftes Asyl, völlig verdreckt, ebenso die Menschen, die hier vorübergehend untergebracht sind. Trotzdem sind wir froh, ein Zimmer für uns allein zu bekommen.

Max und Dreiers gehen sofort, um das Konsulat ausfindig zu machen. Gegen Abend erst kommen sie zurück. Eine schweiz. Vertretung gibt es in W. nicht. Sie gingen zu den Franzosen, trafen dort zur Verwunderung aller Fr. Kathrin, die im Begriff war, unter anderem Namen nach Schweden zu gehen. Hörten, dass Cronwalls einen Tag vor uns angekommen und schon nach Schweden abgeflogen seien. Die Französen halfen soweit, dass sie uns an das schweiz. Konsulat nach Prag verwiesen und für uns die Ein- und -Ausreise regelten.

Da am gleichen Tag noch ein Zug in Richtung Prag gehen soll, machen wir uns unverzüglich wieder auf den Weg zum Bahnhof. Immer noch haben wir Angst plötzlich von einem Russen erkannt zu werden. Wir haben Glück, in dem überfüllten Zug noch einen Platz zu finden. Den größten Teil der langen Reise schlafe ich und werde erst an der tschechischen Grenze wieder richtig wach. Unsere Papiere sind in Ordnung, wir können passieren. Trotzdem jetzt alles überwunden zu sein scheint, die Landschaft wunderbar schön ist und sogar die Sonne freundlich lacht, kann ich nicht recht froh sein und weiß eigentlich selbst nicht weshalb.

An einem Spätnachmittag Ende August kommen wir in Prag an. Durch die fast friedensmäßig wirkende, wunderbare Stadt fahren wir direkt zur schweiz. Gesandtschaft.

Dort ist man erstaunt, so plötzlich ein Häuflein Schweizer aus Polen kommen zu sehen, und noch mehr verwundert, als man von der Flucht und allem Erleben hört. Wir bekommen den Bescheid, einige Tage in einem Sammelquartier warten zu müssen und dann, d. h. die Schweizer, mittels eines Autobusses in die Schweiz fahren zu können. Mir versagt man höflich, aber sehr entschieden jede Hilfe. Ich bin recht verzweifelt. In der Tschechei werden die Deutschen sehr schlecht behandelt; die Volkswut ist unbeschreiblich. Außerdem habe ich keine tschech. Krone und verstehe kein Wort

Tschechisch. Wie alle anderen auch bin ich sehr erschöpft von den vergangenen Tagen. Hinzu kommt, dass jetzt alle, nun sie sich in Sicherheit fühlen, über mich herfallen. „Dieses deutsche Schwein! Warum haben wir es überhaupt so weit mitgenommen?" und ähnliche Aussprüche häufen sich. Selbst Max hat einiges auszustehen vonseiten seiner Landsleute. Keiner überlegt sich, dass wir ohne Ms Hilfe jetzt wahrscheinlich alle schon im Ural wären. Aber Undank ist der Welt Lohn! Ich muss auf jeden Fall so schnell wie möglich von diesen Schweizern weg; sie wollen mich den Tschechen ausliefern. Wieder ist mein rettender Engel M. Er rennt von Behörde zu Behörde und erreicht innerhalb einiger Tage tatsächlich eine Bewilligung für die Weiterreise und bekommt sogar Fahrkarten. Moncey will mit uns fahren. Max verzichtet auf die Gesellschaft der übrigen, alles ist vorbereitet für den kommenden Tag. Vor Aufregung kann ich des Nachts kaum schlafen. Werden die anderen mich in letzter Min. verraten? Es ist 10 Uhr vormittags. Der Wagen, der uns zur Bahn bringen soll, steht schon vor der Tür, als sich Buri auf M. stürzt, ihm den Weg versperrt und mich so laut beschimpft, dass ein Teil der Lagerinsassen zusammenläuft, um zu sehen, was es gäbe. Warum Buri unsere Reise verhindern will, weiß kein Mensch. Max entwickelt enorme Kräfte, stößt den immer noch rasenden Mann beiseite, wir folgen ihm und mit viel Mühe und Not erreichen wir noch unseren Zug nach Eger.

Es darf kein deutsches Wort gesprochen werden im Abteil. Ich sitze stumm in einer Ecke, während meiner beiden Begleiter sich auf

Russisch unterhalten. Ab und zu spendiert der Graf von seinem „Uhrmundvorrat", den er immer noch mit sich herumträgt, und der uns jetzt große Dienste leistet. Im Großen und Ganzen können wir froh sein, es so weit mit der Reise geschafft zu haben. Ich bin nur unendlich müde, sehr erkältet von den vielen Nächten auf offenen Bahnhöfen und habe Fieber.

In Eger ist alles schon dunkel, als wir ankommen. Der Bahnhof ist völlig zerstört. Wir wissen nicht, wo wir die Nacht bleiben sollen, und finden schließlich nach langem Suchen ein Café, dessen Inhaber uns wenigstens in sein Lokal nimmt, wo wir es uns – so gut es geht – auf den Bänken bequem machen. Am nächsten Morgen sind wir alle von Flöhen und Wanzen zerstochen.

Bis Asch führt uns ein Omnibus. Wir finden hier eine Gasstätte, in der man eine warme Suppe essen kann. Und dann macht sich der unermüdliche Max gleich wieder auf den Weg. Wir brauchen jetzt nur noch eine Erlaubnis über die Grenze – sie ist 1 km entfernt – nach Deutschl.

Der westliche Teil der Tschechei ist von Amerikanern besetzt; Max muss also bei ihnen die Papiere holen.

Der Graf und ich sind auf unseren Stühlen eingeschlafen. Es müssen einige Stunden vergangen sein, als Max wieder vor uns steht. Er scheint dieses Mal nicht so zuversichtlich. Der amerik. Mann will uns alle sehen. Er fand den persischen General auf dem Pass des Grafen anscheinend verdächtig. Da Max ihm gesagt hat, er wolle Schweizer eine Bewilligung, impft er mir jetzt ein, ich müsse mich als Schweizerin ausgeben. Er nimmt meinen deutschen Pass an sich im Notfall zu nichten.

Der amerik. Beamte spricht fließend Deutsch. Er fragt mich nach meinen Papieren und ich erzähle ihm einen ganzen Roman, wie und wo ich sie verloren hätte. Allem Anschein nach aber sieht er mir an, dass ich lüge. Jedenfalls hört er mich ruhig an, um dann schließlich zu sagen: „Sie bilden sich doch nicht etwa ein, dass ich Ihnen auch nur ein Wort glaube." Da ihm eben auch der Graf verdächtig erscheint, ja, auch Max mit seinem Vollbart, den er sich in den letzten Monaten hat wachsen lassen, völlig anders aussieht als auf seinem Passbild, lässt uns der eigentlich sehr freundlich scheinende Mann doch kurzerhand ins Gefängnis bringen, um erst einmal bei der schweiz. Gesandtschaft sich über uns zu orientieren, wie er meint.

Ich weiß nicht. Alles macht auf mich gar keinen Eindruck mehr. Ich bin so müde, habe so hohes Fieber und nur noch den einzigen Wunsch, mich irgendwo hinlegen zu können und auszuruhen. Max flüstert mir auf dem Weg zu Gefängnis zu, er habe meinen Pass vernichtet. Nun denn, auch das macht nichts mehr.

Am Eingang des Gefängnisses nimmt uns ein Tscheche gleich das Gepäck ab. Ich kann noch kurz Max und dem Grafen Lebewohl sagen, ehe mich ein bewaffneter Soldat in eine Zelle führt. Es ist ein kleiner, dunkler Raum, in dem auf der Erde zwei Strohsäcke liegen. Auf einem davon sitzt eine Frau, Deutsche, die mich – kaum ist die Tür hinter mir in Schloss gefallen – mit einem Redeschwall überschüttet. Anscheinend hatte sie lange keine Gelegenheit, mit jemandem zu sprechen. Ich bin zu müde, sie anzuhören oder ihre Fragen zu beantworten, und schlafe sitzend ein.

„Steh auf, du Schwein!", schreit irgendjemand und ich weiß noch nicht recht, ob ich träume oder nicht, als mich jemand auf die Füße zerrt und ich mich einem tschechischen Beamten gegenübersehe, der mir dann sagt, ich müsse fünf Monate hierbleiben. Auch das ist mir momentan gleichgültig. Ich wünsche mir nur die Männer wieder vor die Tür.

Am nächsten Tag sehe ich zufällig beim Wasserholen Max und kann ihm zuraunen, dass ich vorhabe, den Amerikanern die Wahrheit zu sagen. Vielleicht entlässt man dann ihn und den Grafen.

Tatsächlich holen mich die Amerikaner des nachmittags zum Verhör. Als Erstes sage ich ihnen, dass ich Deutsche sei. Sie sind darüber nicht groß erstaunt, vermuteten sie es nach meinen gestrigen Lügen. Sie fragen mich nach allem aus und finden dann unsere Reise mit Flucht etc., einen glatten Sport. Ihr Interesse für die Russen scheint groß zu sein. Beide MP Leute sprechen fließend Deutsch, der eine von ihnen berlinert sogar. Ich bin erstaunt, wie freundlich sie mich behandeln und auf meine Bitte, den Grafen und Max zu entlassen, gehen sie gleich ein. Sie versprechen den beiden die Freiheit für den nächsten Tag. Mit mir wissen sie nicht recht, was sie anfangen sollen. Da ich wissentlich eine Behörde belogen haben, wollen sie mich für einige Tage noch ins Gefängnis stecken. Mein Rucksack wird geholt, ich werde in einen Jeep verfrachtet und bin höchst erstaunt, als wir in Richtung Eger fahren. Man bietet mir Zigaretten an, ist freundlich zu mir und somit habe ich keine große Angst vor den wenigen Tagen Gefängnis.

In Eger versichern mir meine beiden Begleiter, dass ich wirklich nur einige Tage festgehalten würde. Als ich dann das Gefängnis vor mir sehe, überlauft es mich doch eiskalt. Es ist ein riesiger, grauer Komplex, umgeben von hohen Mauern und die Ausgänge sind stark bewacht. Im Innern sitzt an einem Schalter ein Tscheche in Uniform. Er mustert mich von oben bis unten und meint dann höhnisch lächelnd. „Du wirst dich sicher sehr wohlfühlen bei uns." Zum Glück begleitet mich immer noch ein Amerikaner und auch noch, als wir jetzt die langen düsteren Gänge entlang gehen. Wir kommen an Gefangenen vorbei, die zerlumpt, mager mit abgeschorenen Haaren da stehen mit dem Gesicht zur Wand. Im 1. Stock halten wir vor einer Türe. Da keine andere Wache zu sehen ist, lässt mich der Mann von der Wache in die Zelle. Ich höre nur noch, wie ihm der Amerikaner von der Tür sagt, man solle mich anständig behandeln, ich sei keine Verbrecherin. Und dann ist alles still.

Die Zelle ist ziemlich groß; es steht sogar ein Bett darin und ich bin ganz froh, einmal in Ruhe allein sein zu können. Schon nach einer Std. werde ich wieder geholt. Unten steht ein MP-Mann und nimmt mich mit in seinen Jeep. Meinen Rucksack hat er an sich genommen. Er meint, bei ihnen sei er besser aufgehoben. Wir fahren bis zu einer hübschen Villa und ich bin mehr als verwundert, dass man mich nicht verhören will, wie ich vermutete, sondern zum Essen einlädt. Ich bin außerdem schmutzig und gar nicht „salonfähig".

Anschein merken die Amerikaner meine Sorgen. Jedenfalls bieten sie mir ein Bad an, worüber ich sehr glücklich bin.

Unten haben sich inzwischen sieben Offiziere eingefunden; alle sind höflich und freundlich zu mir. Das Essen ist gut, aber für meinen entwöhnten Magen zu schwer. Bis 10 Uhr verbringe ich einen gemütlichen und recht interessanten Abend mit diesen Leuten und werde dann wieder ins Gefängnis gebracht. Man verspricht mir, mich am nächsten Abend wieder zu holen, und somit bin ich nicht in Sorge um die wenigen Tage im Gefängnis.

Jedoch am nächsten Morgen schon werde ich sehr unsanft geweckt. Ein keifendes Weib steht von mir. „Hier ist keine Pension", sagt sie. „Steh auf!" Die hat wirklich keinen Sinn für Humor. Ich muss mich jetzt vor sie hinstellen, den Rücken zugewendet, und dann sagt mir ein Häftling, der sie begleitet, irgendetwas vor, was ich nicht verstehe, ihr aber nachsagen muss. Es ist auf jeden Fall Tschechisch. „Wenn du das morgen früh nicht kannst, bekommst du nichts zu essen", sagt die Wärterin. Dann wirft sie mir eine Scheibe Brot in die Zelle und wirft die Türe zu und alles ist wieder still. Sehr lustig scheint das hier nicht zuzugehen. Ich stelle fest, dass weder ein Klosett noch irgendeine ähnliche Einrichtung in der Zelle ist. Außer dem Bett ist eben nichts da. Ich lege mich wieder hin und es dauert kaum eine Viertelstd., als ich zwei Augen durch das Loch in der Tür sehe. Die Tür öffnet sich wieder und dann hagelt ein Donnerwetter auf mich hernieder. Im Bett liegen darf man tagsüber nicht, auch nicht auf dem Rand sitzen. Ich muss der tobenden Person folgen. In einem kleinen Zimmer muss ich mich ganz ausziehen und werde auf Haut und Nieren untersucht, ob ich etwas bei mir habe. Sie nimmt mir meine Uhr ab und dann kann ich wieder gehen.

Zum Glück kommen tatsächlich die Amerikaner des Abends wieder, um mich zum Essen zu holen. Wieder kann ich meinen Hunger stillen und muss von meinen Erlebnissen berichten. Jedoch in den folgenden Tagen warte ich vergebens und jetzt fängt meine Lage an, unerträglich zu werden. Sitzen und liegen darf man nicht, der Fußboden ist aus Stein und zu kalt, also stehe ich von morgens bis abends. Die Zeit schleicht nur so dahin, als mir mittags eine Wassersuppe gebracht wird, glaube ich, es sei bestimmt schon 4 Uhr. Die Suppe ist salzlos und lauwarm. Meinen Spruch kann ich natürlich nicht und wundere mich, dass man mir überhaupt diese Wasser bringt. Am vierten Tag darf ich mich waschen und treffe am Wasserhahn eine andere Gefangene, die mir etwas Salz zusteckt und sogar weiß, wie spät es ist.

Es heißt, meine Zelle solle repariert werden, und ich muss umsiedeln. Anfangs bin ich ganz froh, nicht mehr allein zu sein. Doch in der neuen Zelle bietet sich mir ein grauenhaftes Bild. Aus hohlen Augen, bleichen, müden Gesichtern sehen mich ungefähr 20 Frauen an, als ich reinkomme. Fast alle stehen. Kaum hat sich die Türe hinter mir geschlossen, werde ich mit 1.000 Fragen bestürmt. Es scheint hier sehr wichtig zu sein, was „draußen" vor sich geht. Alle Frauen sind Sudetendeutsche im Alter von 20–50 Jahren. Die Mehrzahl wurde gefangen genommen, weil sie in der Partei oder Frauenschaft war. Andere haben versucht, Lebensmittel schwarz zu kaufen, und eine Frau hielt die Pistole ihres Mannes versteckt – darauf steht Todesstrafe. Es sind acht Betten vorhanden für 26 Frauen. Damit alle liegen können, werden des Nachts die Strohsäcke nebeneinander auf die Erde gelegt. Auf sechs Schemeln sitzen die ältesten Frauen, die übrigen stehen. Alle haben Angst vor der Wärterin; sie trägt Filzpantoffeln, kann ungehört kommen und in die Zelle sehen. Entdeckt sie jemanden auf dem Bettrand sitzend, verhängt sie verschärften Arrest. Das Schlimmste ist der große Eimer der als Klosett dienst – er verbreitet einen scheußlichen Geruch in der ganzen Zelle.

Ich bin nun schon sieben Tage hier. Eines Morgens müssen wir alle antreten, weil wir in den Hof geführt werden sollen. Einige fangen an zu weinen, sie werden fürchterlich angesungen von der Wärterin und dürfen nicht mit. Mir treten, ohne dass ich weiß warum, auch Tränen in die Augen. Wir sind ungefähr 180 Frauen, die nun in den Kreisen herum gehen. Dann muss fünf Min. geturnt werden. Vorturnerin ist Fr. Hähnlein, eine blonde Hünin. Sie trägt ihre langen Zöpfe als Kranz um den Kopf. Viele sind zu schwach zum Turnen.

Angeblich sterben monatlich 18 Menschen vor Unterernährung in diesem Gefängnis.

Des Morgens, wenn die Wärterin kommt, müssen wir uns alle in einer Reihe aufstellen, den Rücken ihr zugewendet und eine von uns muss den berühmten Spruch hersagen. Es heißt darin zum Schluss: „Es lebe die tschechische Republik."

Die Tage sind entsetzlich lang. Es darf nichts, aber auch gar nichts in der Zelle sein, womit man sich beschäftigen könnte. Wir werden alle sehr schwach. Unser Hauptgesprächsthema bildet das Essen. Jeder will, wenn er lebend hier herauskommt, drei Tage nichts anderes tun als nur essen. Manchmal bekommt eine oder die andere von Angehörigen etwas Brot und Salz geschickt, etwas anderes ist nicht erlaubt. Sie verteilen dann wohl immer etwas davon, meistens aber an diejenigen, welche ihnen später wieder einmal etwas abgeben können.

Keine von den Frauen ist je verhört worden, trotzdem viele schon wochenlang hier sind. Die Ungewissheit macht alle noch nervöser.

Mich scheinen die Amerikaner vergessen zu haben. Eines Tages werde ich geholt, um den Fußboden im Flur zu wischen. Am anderen Ende des langen Korridors sehe ich Fr. Hähnlein schon fleißig bei der Arbeit. Jetzt erst merke ich recht, wie schwach ich geworden bin. Es wird mir beim Bücken schwindelig und meine Beine zittern sehr. Ich habe kaum fünf Min. geputzt, als ich meinen Namen höre. „Kellerova" sagt die Aufseherin und ich verstehe nur so viel, dass sie nicht weiß, wer ich bin und in welcher Zelle sie mich finden kann. Und dann steht plötzlich ein MP-Mann vor mir und sagt: „Das ist sie ja." Man händigt mir meinen Mantel und die Uhr aus. Das Scheusal von Wärterin drückt mir verbindlich lächelnd die Hand und tut, als seien wir die besten Freunde gewesen.

Wir fahren wieder zu der amerik. Villa. Hier scheint allgemeines Verhör zu sein. Ich sehe andere Deutsche – sie tragen als

Kennzeichen eine gelbe Binde um den Arm – und muss warten. Unter den Amerikanern entdecke ich neue Gesichter, zwei von ihnen sind unverkennbar Juden. Die, welche mich kennen, sind freundlich. Sie meinen, 14 Tage Hunger veränderten einen Menschen ziemlich.

Ich falle aus allen Wolken, als mir „Big-Dic", der Mann, der mich in Asch festnahm, meinen deutschen Pass unter die Nase hält. Er ist ziemlich böse auf mich, weil ich ihn zum zweiten Mal belogen habe, als ich ihm erzählte, alle Papiere vernichtet zu haben. Diesen Ausweis fanden sie beim Säubern ihres Jeeps unter einem Sitz. Wahrscheinlich hat ihn Max in der Eile dorthin versteckt. Ich bin gespannt, was nun aus mir wird. Keiner gibt mir auf meine Frage positive Antwort. Ich fühle, dass ich noch lange nicht nach Hause kommen werde.

Schließlich sagt man, ich solle der CIC übergeben werden und am nächsten Tag nach Marienbad fahren. In dieser Nacht schlafe ich seit Monaten zum ersten Mal wieder, in einem guten, weiß bezogenen Bett im Hause der Amerikaner. Das Essen kann ich nicht zu mir nehmen; der bloße Anblick lässt mich übel werden.

Nachdem ich nächsten Vormittag die herrliche Herbstsonne genossen habe (es ist Mitte Sept.) bringt mich gegen 3 Uhr ein Jude in rasender Fahrt nach Marienbad.

Ich muss lange warten, bis ein mir unbekannter Amerikaner mit einem Zivilisten hereinkommt und mir lakonisch erklärt, ich habe mit diesem Mann zu gehen. Ich begreife nicht, was das bedeuten soll. Dann geht mir plötzlich auf, dass dies ein Tscheche ist und ich von Neuem in ein Gefängnis komme. Der Grund ist angeblich, weil ich als Deutsche verbotenerweise die tschechische Eisenbahn benutzt habe. Ich bin restlos verzweifelt. Alle Hoffnungen auf ein baldiges Heimkommen sind zerstört.

Der Tscheche ist ein unsympathischer Mann und etwas zu freundlich, als er mich jetzt durch die Straßen Marienbads fährt. Er hält schließlich vor einem großen Gebäude. Eine tschech. Wache sitzt beim Lampenschein in einer öden Dienststube und plaudert mit einem auffallend hübschen Mädchen. Beide stehen auf, als wir hineinkommen. Der Zivilist erteilt Anweisungen und geht dann, mit meiner Mappe voller Briefe, Ausweise etc. fort. Mir wird das Gepäck abgenommen, irgendjemand fragt nach meinem Namen und dann werde ich „abgeführt". Wir kommen durch viele dunkle Gänge schließlich in den Keller. Ich kriege Angst. Was haben die Leute mit mir vor? Wir machen dann Halt vor einer Tür, der ein widerlicher Geruch entströmt. Der Polizist schließt auf und lässt nicht nur mich, sondern zu meiner größten Verwunderung, auch das Mädchen von der Dienststube mit hinein. Die Zelle ist ungefähr 2,50 m breit und 3 m lang. Von den niedrigen Wänden bröckelt der Kalk; ein kleines, vergittertes Fenster spendet geringe Luftzufuhr. Bis auf einen ganz schmalen Gang ist die Zelle aufgefüllt mit drei Holzpritschen, die nebeneinandergestellt sind. Der abscheuliche Geruch entströmt einem Eimer, der als Klosett dient und nur mit einem Stück Pappe bedeckt ist. Oben auf der Pritsche hocken sieben Frauen, die mich als Neuerscheinung kritisch betrachten.

Einige von ihnen sind schon wochenlang in diesem Loch. Ich begreife nicht, wie man das ertragen kann. Allein der Gestank lässt einem ganz übel werden. Ich bekomme auch hier als Erstes die Schicksale der Einzelnen zu hören. Drei Frauen sind werwolfverdächtig, eine andere hat aus Versehen „Heil Hitler" gegrüßt, die nächste wollte schwarz über die Grenze, andere haben ihre gelben Armbinden, die sie als Deutsche kennzeichnen, nicht vorschriftsmäßig getragen etc. Christina, so heißt das Mädchen, das ich auf der Polizeiwache antraf, scheint tonangebend hier unten zu sein. Offenbar macht sie den saubersten u. intelligentesten Eindruck von allen. Sie stammt aus Preßburg, ist 19 Jahre alt, hat ihr Abitur gemacht und keiner weiß recht, warum sie hier ist.

Wir liegen auf der Pritsche wie die Heringe. Ich, als Neuling, muss unmittelbar neben dem Eimer liegen.

Trotzdem ist man hier nicht so streng bewacht wie in Eger. Bücher, Stopfzeug, Schreibsachen darf man in der Zelle haben.

Morgens früh wird von einem Polizisten die Türe geöffnet, dann kann der Eimer ausgeschüttet werden und wer Glück hat, gelangt bis zu einem Wasserhahn und kann sich dort ein wenig waschen.

Wir werden fast täglich zur Arbeit abgeholt. In der Wache werden die Namen aufgeschrieben. Auch die männlichen Gefangenen kommen mit und dann führt uns ein bewaffneter Polizist bis zur Arbeitsstelle. Wir müssen in einem Hotel Parkettfußböden spanen. Nach 14 Tagen Hunger in Eger bin ich noch so schwach, dass ich nach einer halben Stunde schon schlapp mache. Ich bekomme eine sitzende Arbeit in der Küche angewiesen. Wir sind froh, überhaupt etwas tun zu können – somit vergeht die Zeit schneller. Vor allen Dingen kommt man einmal am Tage an die Luft. Die „Werwolfmädchen" warnen mich vor Christina; angeblich ist sie als Spion in der Zelle. Ich bekomme Angst, denn ich habe ihr meine ganze Geschichte wahrheitsgetreu erzählt. Ich bin nun schon 14 Tage hier. Es ist Anfang Oktober und nichts rührt sich. Es kommen und gehen laufend neue Gefangene. Ich wundere mich, warum man mich nicht verhört und mir wenigstens sagt, wie lange ich hierbleiben muss.

Für einige Tage sind Mädchen da, die schwarz über die Grenze kamen. Sie erzählen von Deutschland, von den Besatzungsmächten, der Ernährung und allen uns wesentlich erscheinenden Ereignissen. Keine weiß leider, ob in Ostfriesland Kämpfe waren. Ich bin in Sorge um die Verwandten. Ich gäbe viel darum, wenigstens eine Nachricht schicken zu können. Meinen letzten Brief schrieb ich im März 45 nach Hause. Briefe nach Deutschland sind verboten; so gebe ich einer Frau, die nach Deutschland zurückwill, wenigstens die Anschrift der Eltern – vielleicht erreicht sie dies Lebenszeichen. Die Verpflegung ist besser als in Eger. Wenn wir in einem Hotel arbeiten, bekommen wir dort mittags ausreichend Kartoffeln.

Oft werden wir abends zusammen mit dem KZ von der Arbeit geholt. Ungefähr 100 Deutsche ziehen dann, schwer bewacht, tschechische Lieder singend durch die Straßen.

Wie in Eger werden die Gefangenen meistens nachts eingeliefert. Oft sind sie vorher sehr geschlagen worden. Gestern Nacht kam eine Frau laut schluchzend zu uns in die Zelle. Um sie zum Geständnis zu zwingen, hatte sie sich vor drei Männer völlig entkleiden müssen und wurde mit Gummiknüppeln bedroht. Sie wollte schwarz nach Deutschland, wurde, ehe sie aufbrach, denunziert und verhaftet. Man nahm ihr die ganze Habe. Als wir heute früh zur Arbeit gingen, stand ein Mann an der Wand und musste mit der Nase ein Stück Papier festhalten. Das Blut schoss ihm zu beiden Seiten aus der Nase und immer, wenn er umzufallen drohte, wurde er geprügelt. Mir ist ganz elend geworden von dem schrecklichen Anblick. In der Männerzelle sind neuerdings zwei „Zigeuner". Der eine von ihnen, schon ein älterer Mann, wir nennen ihn alle „Onkel Willy", ist steinreich. Er ist mit allen Wassern gewaschen, war schon im KZ in Deutschland und seit er mit uns arbeitet, geht es uns erfahrungsmäßig ganz gut. Er stiehlt, wo er kann, und verteilt den Raub an uns. Ein ehemals deutsches Hotel, das heute tschech. Polizeicasino ist, fordert in letzter Zeit Häftlinge an. Tief im Keller ist eine Spülküche, in der wir bei Lampenlicht von morgens bis abends Teller waschen müssen. Wir gehen ganz gern dorthin, weil es mittags und abends reichlich Kartoffeln für uns zu essen gibt. Ein schrecklicher, tschech. Koch mit dickem Bauch und blondem Bärtchen kommandiert hier nach Lust und Laune. Man muss sich alles von ihm gefallen lassen und oft kneift er uns weiblichen Häftlingen, wohin es ihm passt. Ich verachte diesen Mann und er hegt auch keine Sympathien für mich. Gestern schickte er mich z. B. in die Klosetts des Hauses, in denen teilweise die ganzen Wände hartverkrustet mit Kot waren, um sie zu reinigen. Es war eine scheußliche Arbeit und mir ist fast schlecht geworden von dem Gestank.

Heute haben wir zu viert 50 Ztr. Kartoffeln von der Straße in den Keller tragen müssen. Anschließend habe ich mit Onkel Willy den Schnee vor dem Hotel geschippt. Vier Woche sind vergangen und ich bin immer noch nicht verhört worden. Die meisten Häftlinge bleiben höchstens drei bis vier Wochen in dem Kellerloch. Die „Werwolfmädchen" sind nach Eger ins Gefängnis abtransportiert worden; ich habe großes Mitleid mit ihnen. Nur Christina und ich sind eiserner Bestand hier. Trotzdem wir gut miteinander auskommen, kann ich sie zeitweise einfach nicht ertragen. Ihre Bewegungen, ihre Sprache, wenn sie isst, alles macht mich manchmal geradezu verrückt und am liebsten würde ich aufschreien. Trotzdem wird sie dieselben Gefühle haben, sicher gehe auch ich ihr auf die Nerven. Sie stellt sich mit allen Wachposten gut, sie duzt alle, rollt die Augen, wenn es nottut, und erreicht damit oft, dass man sie nach oben holt in die Wachstube, wo es einen Ofen gibt, an dem man sich aufwärmen kann, und ab und zu eine Scheibe Brot für sie abfällt.

Heute am Sonntag haben wir die Straße gefegt. Wir taten es alle gern, weil wir zwei Stunden an der frischen Luft sein konnten.

Eine Neuangekommene hat mir Karten gelegt und gesagt, Günter lebe nicht mehr; ich glaube ihr und den Karten nicht. Oben in der Wache sind oft Russen, die angeblich jemanden suchen. Ich habe wahnsinnige Angst, dass sie mir auf der Spur sind. Ich kann mir überhaupt nicht vorstellen, warum man mich so lange festhält und warum man nicht einmal verhört. Wohl hundertmal täglich überlege ich mir die Möglichkeiten und die Gründe. Die Ungewissheit ist das Schlimmste.

Ab und zu gebe ich Grenzgängerinnen, die jetzt sehr häufig eingeliefert werden, eine Adr. von Verwandten mit. Vielleicht hält die ein oder andere von ihnen Wort und gibt Nachricht, damit sie zu Hause wissen, wo ich bin.

Die Deutschen tragen alle eine weiße Armbinde. Wenn sie nicht vorschriftsmäßig getragen wird, wandert man entweder ins Gefängnis oder bekommt eine hohe Buße. Ich „organisiere" mir einen weißen Fetzen und binde ihn mir um den Mantel. Die Polizisten sagen, es sei nicht nötig im Gefängnis, mir macht es aber Spaß und ich lasse sie am Ärmel.

Manchmal holt sich die Wache des Nachts Mädchen aus der Zelle und bringt sie erst morgens wieder. Viele gehen gern mit. Ich habe nicht gewusst, dass es so viel Verderbtheit gibt in der Welt. Ein Beispiel ist „Tante Maria". Sie ist ungefähr 40 Jahre alt, hat angeblich 2 Kinder in Dresden, muss aus einer ordentlichen Familie stammen, ist aber total verkommen. Ihr Gesichtsausdruck allein ist so verdorben und gemein. Sie wird im Laufe der Zeit immer wieder eingeliefert, manchmal ist sie restlos betrunken, wenn sie kommt, erzählt die schmutzigsten Geschichten von ihren Negerfreunden und Amerikanern, die anscheinend immer noch Gefallen an ihr finden. Trotzdem hat sie ein gutes Herz und es ist erstaunlich, wie beschlagen sie auf jedem Gebiet ist.

Oft bitte ich die Wache, beim Gericht oder der zuständigen Behörde einmal nachzufragen, ob ich nicht auch einmal verhört wurde. Sie versprechen es mir alle, aber keiner tut es. Überhaupt sind alle von ihnen in Deutschland im KZ gewesen. Jeder von ihnen sagt es uns, aber wir wissen, dass es nicht stimmt.

Ab und zu holt mich ein Polizist zu sich zur Arbeit. Seine Frau hat ein Porzellangeschäft; dort muss ich Inventar machen, den Laden putzen etc. Die Leute sind sehr freundlich zu mir und ich gehe gern zu ihnen.

Es ist November und immer noch nichts erfolgt. In unserem Keller ist es kalt. Eine Tschechin die zwei Tage zu uns gesperrt wurde, nahm meine Schuhe, die völlig zerrissen waren, mit und versprach, sie mir reparieren zu lassen. Sie hat sie nie wiedergebracht und ich kann ohne Schuhe nicht mehr zur Arbeit gehen.

Eines Tages höre ich meinen Namen vor der Türe. Ich bekomme wahnsinniges Herzklopfen. Vielleicht geschieht jetzt endlich irgendetwas in meiner Angelegenheit. Die Schlüssel rasseln und ich traue meinen Augen nicht, als draußen einer der Amerikaner steht. Er war früher immer besonders freundlich zu mir; vielleicht kann er mir helfen. Ich bitte ihn, mich wenigstens bei der tschechischen Behörde in Erinnerung zu bringen, und er verspricht mir steif und fest, mich aus diesem entsetzlichen Kellerloch herauszubringen.

Tatsächlich werde ich zwei Tage später von einem Jeep abgeholt. Der Tscheche, welcher mich hier einlieferte und ein mir bekannter MP-Mann empfangen mich im Hause der CIC. Und dann bin ich ziemlich erstaunt, als man mich in Anwesenheit von zwei Zivilisten nach Hohenlychen ausfragt. Offensichtlich interessieren sich diese Leute für Dr. Stumpfegger. Sie haben eine Liste aller Hohenlychener Ärzte bei sich und scheinen über jeden genauestens orientiert zu sein. Ich erzähle ihnen belanglose Sachen abgesehen davon, dass ich über St. kaum etwas weiß. Aber plötzlich sind alle, die bisher sehr freundlich zu mir waren, von einer Eisigkeit, die ich mir nicht erklären kann, und ich bitte nicht noch einmal um Hilfe, weil ich weiß, dass es zwecklos ist.

Tausend Gedanken halten mich die folgenden Nächte wach. Man hält mich also fest, weil ich in H. war. Meine anfängliche Hoffnung verwandelt sich von Neuem in Angst und Verzweiflung.

Heute Nacht kam ein Polizist in unsere Zelle und schoss. Zum Glück gingen die Kugeln in die Decke des Kellers. Ich glaube, der Mann war betrunken oder wollte uns Schrecken einjagen.

An meinem Geburtstag überrascht mich Christina mit einer selbst gedrehten Zigarette, einem Stück Weißbrot, das sie irgendwo „organisiert" hat, und einem Tannenzweig. Dazu schenkt mir einer der männlichen Gefangenen ein Paar abgeschnittene Schaftstiefel ungefähr um die gleiche Zeit. Ich bin glücklich. Wenngleich die Schuhe viel zu schwer und zu groß sind, kann ich wenigstens wieder heraus. Strümpfe besitze ich auch nicht mehr. Ich gehe trotz Schnee ohne und der Polizist, der mich zur Arbeit führt, schämt sich meiner. Er geht jetzt meistens einige Schritte voraus und ich schlurfe hinterher.

Um die Adventszeit liegt hoher Schnee in Marienbad. Die weihnachtliche Stimmung, die herrlichen Schaufenster und Pferdeschlitten, die durch die Straßen fahren, erregen Sehnsüchte und machen doppelt traurig.

Die Kälte, der Hunger und vor allem die Ungewissheit zermürben. Kurz vor Weihnachten treffe ich zufällig auf der Treppe im Polizeicasino Dr. Svoboda. Er ist derjenige, der die meisten Frauen verhört. Ich nehme mir ein Herz und frage ihn, was aus mir werden solle und wie lange man mich im Gefängnis festhalten will. Er tut – oder ist wirklich – restlos erstaunt. Er weiß nichts von meiner Existenz und verspricht, sich meiner Sache anzunehmen.

Trotzdem hoffe ich auch dieses Mal vergebens. Es erfolgt nichts. Alle gehen auf Weihnachtsurlaub. Christina und ich putzen Heiligabend ein Haus, in das noch zu Neujahr ein Polizist einziehen will. Bisher wohnten Deutsche hier; wir finden viele Bücher und Briefe von den bisherigen Bewohnern.

Neujahr vergeht. Im Januar hoffe ich von Tag zu Tag. Ich gehe nicht mehr zur Arbeit, weil ich glaube, den Moment sonst zu verpassen, wenn man mich zum Verhör holt, das ist schon verschiedentlich vorgekommen. Mitte Januar öffnet sich wieder einmal verheißungsvoll die Türe.

Unser Entsetzen kennt keine Grenzen, als man Christina abholt, um sie ins KZ zu bringen. Sie selbst ist restlos verzweifelt und ich auch. Wahrscheinlich werde ich ihr bald folgen. Jetzt wo Ch. gegangen ist, erscheint mir das Loch noch trostloser. Sie hatte, trotz allem, einen herrlichen Humor, und mit ihr konnte man sich noch gut unterhalten. Außerdem vertrieb sie uns oft die Zeit mit ihrer hübschen Gesangstimme.

Die Warterei hat mich schon restlos nervös gemacht. Es ist Anfang Februar, als sich unerwartet die Türe auftut und man mich zum Verhör holt. Nicht der Mann, der mich eingeliefert hat, sitzt oben in der Dienststube – ein mir völlig fremder Beamte fragt mich wörtlich, warum ich hier sei. Ich antworte ihm, dass er das wahrscheinlich besser wisse als ich. Auf jeden Fall muss ich ihm dann doch erzählen, wie und wann ich eingeliefert wurde. Und schlussendlich weiß der Mann selbst nicht, warum man mich so lange festgehalten hat. Er schreibt dann aber als Begründung auf den Bericht „Spionageverdacht". Es heißt, ich solle entlassen werden, nur weiß man nicht, wann und wie ich über die Grenze kommen soll, und schließlich bekomme ich den Bescheid, in ein Sammellager gehen zu müssen.

Auf der Polizei liefert man mir einzig und allein meinen Ausweis aus. Alle anderen Papiere, Zeugnisse etc., mein ganzes Geld, der Schmuck, alles, was der famose Geheimagent mit sich nahm, ist nicht mehr da. Der Wachtposten sagt mir, selbiger Mann sitze jetzt selbst im Gefängnis, er sei ein Verbrecher. Ob das eine Ausrede ist oder nicht weiß ich nicht.

Man verfrachtet mich in einen Autobus, der weit aus der Stadt herausfährt. Wir halten vor einem riesigen Barackenlage. In einer Dienststube registriert ein deutscher Name, Geburtsdatum etc. und dann schickt man mich in eine der Baracken. In einem Zimmer ist noch eine Pritsche frei. Es sind hier 30 Leute in einen Raum – Männer, Frauen, Kinder alles durcheinander, Sudetendeutsche. Sie sind verwundert, mich als Reichsdeutsche hier zu sehen, und als ich erzähle, dass ich frisch aus dem Gefängnis komme, ist kein Mensch erstaunt oder verachtet mich, wie ich befürchtete. Fast jeder von den Anwesenden hat Ähnliches durchgemacht. Alle haben Haus, Besitz und Existenz verloren und warten hier nun auf den Abtransport nach Deutschl. Ob es wirklich dorthin geht oder, wie schon viele andere Transporte, weiter ins Land hinein zur Arbeit, weiß keiner.

Das Essen ist knapp, der große Frost dringt durch alle Ritzen der Holzwände, das Lager ist von Polizei bewacht.

Wir suchen uns im nahen Walde Holz. Ich biete mich jeweilen gern dazu an. Dort bin ich einmal wieder ganz allein. Es ist ein Kiefernwald, durch den eine Eisenbahnlinie führt, ich werde an Hohenlychen erinnert.

Es gehen Gerüchte vom Abtransport in den nächsten Tagen. Keiner weiß Bestimmtes, alle haben Angst, in den Osten verfrachtet zu werden.

Es ist Mitte Feb. Der Frost hält an, wir werden Tag und Nacht nicht warm. Eines Tages heißt es wirklich, ein Teil von uns könne nun fahren. Ich werde auch aufgerufen. Trotzdem kann ich mich nicht freuen. Wohin mag dieses Mal die Reise gehen?

Wieder werden wir in Viehwagen gesteckt. 50 in einen. Es ist ein Ofen eingebaut. Wieder bekommen wir Verpflegung für einige

Tage. Bewaffnete Russen stehen am Zug und alle Hoffnung schwindet. Ich bin jetzt restlos apathisch; mir ist im Moment alles gleichgültig. Tatsächlich geht die Fahrt nicht gen Westen. Nach mir endlos erscheinender Zeit landen wir in Pilsen. Von da aus geht es in der Nacht weiter, sodass keiner die Gegend erkennen kann. Die Türen sind alle von außen verriegelt. Die Nacht ist fürchterlich, man kann sich nicht bewegen vor Enge. Wir frieren alle sehr. Doch am nächsten Morgen, wir trauen unseren Augen kaum, sind wir wahr und wahrhaftig schon in Deutschland. Der Zug hält, der Tscheche übergibt den Transport einem Deutschen und wir müssen alle aussteigen. Der Aufenthalt zieht sich durch Entlausung, Untersuchung etc. in die Länge. Dann bekommen wir noch einmal Verpflegung und werden weiter verfrachtet. Die Fahrt geht bei herrlichem Sonnenschein durch die bayrischen Berge und zum ersten Mal seit langer Zeit kann ich mich wieder so recht von Herzen über alles und an allem freuen. Ich spüre weder Kälte noch Müdigkeit, und auch die Sudetendeutschen, die Heimat und Existenz verloren haben, atmen auf. Wir landen am Spätnachmittag in Traunstein. In einem großen Saal werden wir hier zunächst untergebracht. 300 Menschen kampieren auf der Erde zwischen Tischen und Stühlen. All das irritiert mich nicht mehr. Der tiefblaue Himmel, die mit glitzerndem Schnee bedeckten Berge und die baldige Aussicht auf zu Hause machen mich froh und dankbar. Ich schreibe an die Eltern. Ob der Gruß sie erreicht, ist ungewiss, denn der Verkehr zwischen den einzelnen Zonen ist noch nicht richtig geregelt. Es gibt Briefmarken, die ich nie zuvor sah. Alles scheint verändert in Deutschland. Überall sieht man fremde Uniformen und man tut gut, ihnen aus dem Wege zu gehen.

Wir kommen gegen Abend an einer Kirche vorbei. Es ist gerade Gottesdienst; ein Platz ist nicht mehr zu finden, viele Menschen stehen schon. Trotzdem ich das Latein des kath. Geistlichen nicht verstehe, bin ich tief ergriffen von der Andacht und der wunderbaren Orgelmusik. Alles findet man hier wunderbar, die Menschen ohne Armbinde, die alle Deutsch sprechen, Geschäfte, in denen man für deutsches Geld etwas kaufen kann etc.

Die Sudetendeutschen sollen in die Umgebung Trauensteins verteilt werden und auch mich will man behalten. Es dauert lange, bis ich die Behörde überzeugt habe, dass ich aus Ostfriesland stamme und Eltern dort habe, bei denen ich wohnen kann. (Ich weiß allerdings nicht, ob sie noch leben und auch unser Haus noch zum Schluss zerstört wurde.) Nach einigen Tagen habe ich trotzdem eine Reisebewilligung, aber kein Geld für die Bahn. Eine alte Frau, die von Marienbad aus neben mir saß, leiht mir rührender Weiße 200 RM, ohne dass ich sie darum bat.

Der Zug, der uns bis München führt, ist überfüllt; die Fenster sind mit Brettern vernagelt, weil es in Deutschland kein Glas gibt. Ich friere und bin ziemlich hungrig und restlos glücklich. Abds. bleibe ich in Nürnberg liegen. Angeblich soll am nächsten Morgen ein Zug in Richtung Würzburg fahren. Kein Beamter kann richtige Auskunft geben, Fahrpläne gibt es nicht. Alles scheint überhaupt ein Chaos zu sein. Auch die Halle, in der ich die Nacht verbringe.

Der Fußboden ist ein See von dem aufgetauten Schnee, der übrigens auch von oben durch das undichte Dach hereinkommt. Ich hocke auf meinem Rucksack und habe fürchterlichen Hunger. Unter den Neuangekommenen sind Soldaten, die ganz frisch aus der Gefangenschaft kommen. Einer von ihnen setzt sich neben mich und packt nach einer Weile eine Schachtel mit unheimlich vielen Zigaretten aus. Er raucht. Meine Hungergefühle werden immer schlimmer. Ob ich den Landser bitten soll, mir für 10 RM eine Zigarette zu verkaufen? Nein. Ich schlafe ein wenig ein im Sitzen und als ich wieder aufwache, sitzt der Soldat immer noch am gleichen Ort und der Rauch seiner Zigarette umfächelt verlockend meine Nase. Noch weiter 30 Min. kämpfe ich mit mir und dann frage ich ihn schließlich doch. Im selben Moment schon bereue ich es. Es bricht mit einer Bitternis aus dem Mann hervor, wie er dann anfängt zu schimpfen über die „sauberen Verhältnisse" in der Heimat, sogar auf dem Bahnhof in der ersten Nacht angebettelt zu werden etc. Mein Gott. Da habe ich nun diesem Mann die Illusionen über Deutschland in der ersten Stunde seines Hierseins genommen. Mir ist ganz elend mit einmal und ich möchte weinen und weinen. Das habe ich nicht gewollt, wenn ich nicht so schrecklichen Hunger gehabt hätte, dann hätte ich ihn sicherlich nicht gefragt. Ein Herr, der die Szene beobachtet, bietet dem Soldaten eine Zigarre an und ich nehme die Zigarette nicht an von ihm.

Würzburg ist nur noch ein Schutthaufen. In Fulda finde ich durch Zufall ein Hotel und dort schlafe ich seit sechs Monaten zum ersten Mal wieder in einem Bett.

Gegen Mittag des dritten Tages lande ich in Sooden. Ich kann es nicht fassen, dass ich nun wirklich zurück bin. Viele Jahre habe ich mir gewünscht, einmal wieder hierherreisen zu können. Während des ganzen Krieges bot sich mir nie eine Gelegenheit. Ich lasse meinen Rucksack an der Bahn und gehe über die alten Brücken – nichts hat sich hier verändert – nach Allendorf. Was werden Günter und Elisabeth sagen, wenn ich so unerwartet vor ihnen stehe? Die Leute, die mir begegnen, kommen mir alle bekannt vor. Ich lache alle freundlich an, ich bin so glücklich.

Und dann stehe ich vor dem Haus in der Waldisstraße. Einige Amerikaner hängen in den Fenstern, rauchen, kauen Gummi und lachen – so kommt es mir wenigstens vor – mich höhnisch an. Keiner weiß etwas von den früheren Bewohnern des Hauses. Schließlich verweist mich eine Nachbarin in die Schusterstraße. Das Haus 208 ist ein kleines, baufälliges Gebäude und ich kann mir nicht denken, dass sie hier wohnen. Und doch, ich mache die Türe auf und stehe direkt vor einem kleinen Jungen, der nur Elisabeths und Günters Kind sein kann. Er guckt mich aus großen, blauen Augen forschend an und fängt an zu weinen, als ich ihn auf den Arm nehmen will. Und dann ertönt aus dem Dunkel des Flures eine Stimme und gleich darauf steht Tante M. fassungslos vor mir und auch sie fängt bitterlich an zu weinen. Zwischendurch stöhnt sie: „Günter, Günter." Mein Bruder lebt nicht mehr. Im Garten liegt in der Wintersonne seine kleine Tochter, die er nie gesehen hat.

Elisabeth ist momentan in Gummersbach und somit bleibe ich nur wenige Tage in Sooden, das mir plötzlich so leer und trostlos erscheint, und fahre zu ihr.

Das letzte Ziel ist Aurich. Zum Glück leben die Eltern. Auch das Haus steht, es ist nur einer Kaserne gleich, weil so viele fremde Leute Unterschlupf hier fanden.

Ich bin dankbar, dass alle, wenn auch durch die Erlebnisse der letzten Jahre gealtert, gesund sind und dankbar, dass es das Schicksal gut mit mir gemeint hat.

Lebenslauf

geb. 22.11.1918, gestorben 6.02.2006,

Vater: Heinrich Keller, Jurist, gestorben 1918, vor der Geburt seiner Tochter

Mutter: Maria Rodenhauser (geb. Sippel, verw. Keller), verstorben 1962, Trägerin des Verdienstkreuzes am Band des Verdienstordens der Bundesrepublik Deutschland (1961)

Maria Keller, geb. Sippel heiratete 1916 den Juristen Heinrich Keller. 1917 kam Günter Keller und am 22.11.1918 Hildegard Keller zur Welt. Nachdem ihr Mann an einer schweren Grippe gestorben war, zog Maria Keller von Berlin mit ihren 2 Kindern zurück in ihr Elternhaus. Dort gründete sie mit ihrem Vater ein Kindererholungsheim. Sie lernte den verwitweten Superintendenten der evang.-reformierten Kirche, Hans Rodenhauser kennen und heiratete ihn 1927. Mit ihren Kindern aus erster Ehe zog sie zu ihrem Mann und dessen 3 Töchter aus erster Ehe nach Aurich, Ostfriesland.

Nach Abschluss der Schule in Aurich bildete sich Hildegard Keller in Minden zur Heilgymnastin (heute Physiotherapeutin) aus. Als ausgebildete Heilgymnastin nahm sie eine Anstellung im Spital von Hohenlychen an.

Dort lernte sie ihren späteren Mann, Hans Meyer, einen Arzt aus der Schweiz kennen. Er war dort, um sich beim bekannten

Chirurgen, Graf Ferdinand Sauerbruch, zum Facharzt in Chirurgie ausbilden zu lassen.

Als Hans Meyer zum Militärdienst in die Schweiz zurückmusste, wollte er seine Verlobte Hildegard Keller heiraten und mit in die Schweiz nehmen. Sie wollte nicht so überstürzt heiraten, woraufhin er seine Verlobte in der schweizer Botschaft in Berlin bekannt machte und bat, dass man ihr im Notfall dort Beistand leisten würde. Hans reiste in die Schweiz und Hildegard blieb in Hohenlychen.

Als gegen Ende des Krieges alles zusammenbrach, machte Hildegard Gebrauch von der Hilfe der Schweizer Botschaft und ihre abenteuerliche Reise, die sie in diesem Tagebuch schildert, beginnt. Nach dem 2. Weltkrieg, ging sie in die Schweiz, wo sie ihren Verlobten Hans Meyer heiratete. Kurz nach der Heirat ging das Ehepaar zuerst nach Äthiopien und nach einer kurzen Rückkehr nach Zürich, CH ging es weiter nach Tansania, wo sie zusammen mit ihrem Mann an der Leitung von Spitälern mitarbeitete.

1950 kam ihr erstes Kind, Beatrice, in Tansania zur Welt. Sie wollte ihre Kinder in der Schweiz aufwachsen lassen, deswegen kehrte sie 1951 nach Zürich zurück, wo 1952 ihr zweites Kind, Dieter, zur Welt kam.

In Zürich, Höngg, unterstützte sie ihren Mann in seiner Praxis für Allgemeinmedizin und Tropenmedizin bis zu ihrem Tod in 2006.

© 2024 Hildegard Meyer
Herstellung und Verlag: BoD – Books on Demand, Norderstedt
ISBN: 9783758314711